시로 새기는 민족 비극사 **제1권**
동백도 울고 하늘도 울고

박원희

청주에서 태어나 자랐다. 1995년 『한민족문학』으로 작품 활동을 시작하였다. 현재 한국작가회의 충북지회 회원, 민족문학연구회 회원, 엽서시동인, 충북민예총 부이사장이다. 시집으로 『나를 떠나면 그대가 보인다』 『아버지의 귀』 『몸짓』 『방아쇠증후군』 『아내』 『고양이의 저녁』 등이 있다.

생명과문학 시선 09 박원희 시집
시로 새기는 민족 비극사 제1권
동백도 울고 하늘도 울고

지은이 | 박원희
펴낸이 | 김윤환
펴낸곳 | 생명과문학사
1판1쇄 펴낸 날 | 2025년 11월 12일
등록번호 | 제2014-000007호
등록일자 | 2007년 3월 30일
주소 | 경기도 시흥시 하중로 203 (3층)
대표전화 | 02-2275-3892, 031-318-3330
팩스 | 050-4471-3892, 031-318-3370
이메일 | lifepen2021@hanmail.net
출판관리 | 열린출판디자인
2025ⓒ박원희

· 이 책은 전부 또는 일부 내용을 재사용하려면 저자와 생명과문학의 동의를 받아야 합니다.
· 이 도서의 국립도서관 출판도서목록은 서지정보유통서비스시스템 홈페이지와 국가자료공동목록시스템 에서 이용하실 수 있습니다.
· '생명과문학'은 '열린출판디자인'의 출판브랜드입니다.
· 이 책은 저자와의 협의에 의해 인지는 생략합니다.

ISBN 979-11-990340-6-8   값13,000원

시로 새기는 민족 비극사 **제1권**

동백도 울고
하늘도 울고

박원희

생명과문학

■ 시인의 말

 2002년 충청북도 괴산군 사리면 보도연맹 등 해방 후, 한국전쟁에서 죽은 민간인 학살자 유족 증언 대회 때 처음 학살자유족들을 만났다. 그로부터 20여 년이 지났다. 그때 그곳에 같이 갔던 유족 중 한 사람인 신경득 교수님은 정년 퇴임을 하신 지도 오래되었는데 세상에는 바뀐 것이 없다.

 진실화해위원회는 윤석열 정부를 거치면서 유명무실화되었고, 학살지라고 밝혀진 여러 곳에 세운 안내문 안내판도 훼손되거나 없어진 곳이 다반사이다. 유족들도 언제부터인가 유족보상금을 받으면 흐지부지 모이는 것이 끝나고, 정권이 바뀌면 어떻게 될지 모르는 지경에 이르고 보니 무언들 또 족두리를 씌워 어디로 갈지 모르는 시대다.

 지금도 유족들은 빨갱이 그러면 혹 자기를 지칭하는 말로 두려워한다. 해방 80년 한국전쟁 75년 그래도 세상은 변하지 않았다. 유골이 잠든 곳은 유원지가 되고, 관광지, 식당 등이 되고, 안내 간판이 없어지고, 더러는 사방댐이 개발되어 파헤쳐지고 흔적을 찾을 수 없다. 이 원혼은 누가 달래어 줄 것인가? 80년 75년 더한 역사가 흘러도 지워지지 않을 시의 기록으로 남긴다.

 시의 눈을 뜨게 하고 세상을 바로 보는 눈을 뜨게 한 신경득 교수님께 감사한다. 청주에서 열심히 문화운동으로 '기억 전쟁'을 쓴 운동가이자 작가이신 박만순 선생에게도 경의를 표한다. 그리고 부족한 원고에 해설을 붙여주신 김윤환 교수와 기꺼이 출판해 주신 '생명과문학'에도 감사드린다. 그리고 민간인 학살로 돌아가신 영혼들도 편히 잠드시길. 힘든 현대사를 산 유족들에게도 편안한 안식이 오길 기원한다.

2025년 을사년 가을에
박 원 희

시로 새기는 민족 비극사
제1권 동백도 울고 하늘도 울었네

■ 목차

시인의 말 · 5

1부 해방이 아닌 해방 공간
아침 햇살 · 10
해방 · 18
건국준비위원회 · 21
미군정 · 25
이승만 정부 · 32

2부 한국전쟁 전 학살
46년 대구의 시월 항쟁 · 38
4·3 새벽 2l 제주 무장봉기 주민 토벌 학살 · 41
4·3의 가운데 김익렬, 문상길, 박경 · 49
여순 사건 이후 학살 · 53
여순사건 연계 순천학살 · 60
거제도 야산대 토벌 학살 · 65
동명이인 옥치구 씨의 죽음 · 70
산청 시천, 삼장 학살 · 71
소년 문홍주와 낙안면 신전마을 · 73
함평 양림 학살 · 75
문경 석달마을 학살 · 77
영덕군 지품면 학살 · 79
경주 내남면 민보단장 이협우 · 81

3부 한국전쟁 초기 보도연맹 및 형무소재소자의 학살1

보도연맹 · *86*
김해 보도연맹원 학살 · *90*
청주 오창 창고 보도연맹 학살 · *93*
청주 보도연맹원, 청주교도소 수감자 학살 · *97*
미국의 라이카 카메라 · *100*
울진 국민보도연맹원 학살 · *102*
마산 괭이 바다 학살 · *104*
7월의 처형 군위군 우보면 골짜기 보도연맹원 학살 · *108*
영덕군 보도연맹원 학살 · *110*
대구 보도연맹원 학살 · *112*
순천 구랑실재 보도연맹원 학살 · *115*
건준 치안부장 이덕우 보도연맹원의 죽음 · *117*
보은군 아곡리 보도연맹원 학살 · *119*
함평 보도연맹원 학살 · *121*
예천군 보도연맹원 학살 · *123*
경주 보도연맹원 학살 · *125*
보성 보도연맹원 학살 · *128*
나주 온수골 보도연맹원 학살 · *130*
여수 보도연맹원 학살 · *132*
진주 보도연맹원 학살 · *134*
나주 경찰의 퇴로 보도연맹원 학살 · *136*
제주도 섯알오름 학살 · *138*

해설_ 시로 쓰는 민족비극사에 담긴 한의 서정 / 김윤환 · *142*
참고문헌

시로 새기는 민족 비극사
제2권 떨어진 꽃잎이 산을 이루고

4부 한국전쟁 초기 보도연맹 및 형무소재소자의 학살2
해남 송지면 어란진 갈매기섬 보도연맹원 학살/
완도군 보도연맹원 학살/ 옥천군 보도연맹원 학살/
영동군 어서실 보도연맹원 학살/ 사천 보도연맹원 학살/
고령군 보도연맹원 학살/ 밀양 보도연맹원 학살/
통영 보도연맹원과 부역자의 학살/ 비금도 보도연맹원 학살/
영동 학산 이규성 경산코발트광산에서 살아오다/
강성감의 죽음/ 울산 보도연맹원 학살/ 영천 보도연맹원 학살/
양산 보도연맹원 학살/
5부 전쟁 중 초기 수복 부역 혐의로 학살
금정굴의 통곡/ 代殺(충주 엄정면 학살)/ 영암 수복 학살/
김포 부역 혐의 학살/
6부 전쟁 중 토벌 산 사람과 가까이 산 죄로 학살
나주군 다도면 학살/ 영암군 탈환 학살/ 영암 구림 학살/
남원지역 민간인 학살/ 영광 불갑산 빨치산 소탕 작전/
회문산 쌍치리 학살/ 임실군 남산광산 학살/
고창 월림 집단 학살/
7부 한국전쟁 끝나고 토벌에 의한 학살
함평 11사단의 학살/
8부 좌익에 의한 학살
박순기 인민군과 지방 좌익에 의한 죽음/
청주에서 인민군에 학살/ 양평호 수장 학살/
홍성군 좌익에 의한 학살/ 나방환 일가의 죽음/
9부 미군에 의한 학살
노근리 평화공원/ 의령 미군 포격 학살/
포항 여남동 헤이븐호 함포 포격 하살/
포항 기계천 폭격 학살/ 은옥순씨의 1·4후퇴/
예천군 산성리 폭격 학살/ 단양 곡계굴 학살/
10부 사는 이야기 살려준 사람들 의인 이야기
이웅찬과 경찰/ 남정식 청주 강서면 지서장/
안종삼 구례경찰서장/
11부 전쟁 그 후의 이야기
도장골에 비가 내리고/ 골령골에서/ 주름 꽃/ 침묵의 노래/ 밥/
하늘나라에도 별이 있는가 보다/ 뜨거운 여름 이야기/

해설
참고문헌

1부
해방이 아닌 해방 공간

아침 햇살

아침이 되면 해가 뜬다
신선한 해는 노래를 만들고
모두에게 이슬과 같은 생명수를 더하고
한 줄기 빛이 영롱하게 맺힌 이슬은
가슴으로 들어와 숨 쉬고 노래한다
아침 햇살
볼록하게 나뭇잎에 이슬로 맺힌
삶에 투영되고
둥글게 빛나는
세상천지는 온통 백두의 천지에서 내리는 물 같아
한 방울의 물이 모여 천지처럼 커다란 호수가 되고
그 물이 흘러 계곡이 되고
계곡이 흘러 내를 이루고 내는 하천이 되고
긴 강이 되고 긴 강은 들판을 지나 산과 들의 노래를 담은 바다가 되어 흐른다
할머니의 이야기는 손자에게 뜻이 되고
이어지고 이어진 사랑이 모여 대서사가 되는 노래
노래로 이어진 수관의 거대한 나무 신단수는
다시 나뭇잎에 매달리는 이슬을 만들고
이슬은 햇살을 받아 세상에 흩뿌리고
민들레 씨앗들은 바람을 닮아 어디든 날아가는
민초들

어이 알랴
아무리 방책을 만들어도
새어나가는 세상의 소리
이슬처럼
눈물로
우리들의 노래로
땀방울로
그 이전부터 지금까지
현대사를 면면히 채워온 삶
아버지는 논두렁이 되어 눕고
어머니는 밭두렁이 되어 엎어진
대지의 끝없는 사랑들이 뭉쳐
소리 없이 산 사람들의 이야기를 어떻게
한마디 노래로 할 수 있으랴
전국의 어디에 있는 월오리, 동막골, 질마재, 모래재, 도장골 이야기
우리는 무슨 노래를 부르며 넘었는가
보릿고개처럼 넘을 수 없었던 고개
사상의 넓고 너른 고개를 넘지도 못하고
주검과 핏빛
선혈이 채워진 땅의 길의 강의 바다를 둥둥 떠다니는 여수 모자섬* 밖의 이야기
동백이 지는 남도부터
산에는 꽃이 피는 일제강점기 북녘 하늘 김소월의 [산유화] 같은 노래가 불리고

산에는 꽃 피네

꽃이 피네.
갈 봄 여름 없이
꽃이 피네.

산에
산에
피는 꽃은
저만치 혼자서 피어 있네.

산에서 우는 작은 새여.
꽃이 좋아
산에서
사노라네.

산에는 꽃 지네
꽃이 지네.
갈 봄 여름 없이
꽃이 지네.

하나, 둘 생명은 지고
북에서 남으로
땅거미는 길어 갈 봄 여름 없이 꽃이 지네
우리의 삶도 지고
모래재 넘어
질마재 넘어
산으로 가던
바라볼 수 없었던 천형의 시간
산 들 강 바다 어디에도

소리 없는 말
말로 이어진 산맥 숨소리마저 잦아드는
따뜻하고 아름다운 우리들의 땅이여
아침 햇살에 일어서
이슬을 매단 나무여 이파리여 풀잎이여
이 강산에 심어진 선홍빛 햇살에 비치는
새살의 땅
우리들의 노래로 번지는 산하
36년 제자리에서 남의 땅이 된
지상의 노래
해방되어 돌아오지 못하는 영혼을 두고
돌아온 사람들이
산 들 강 바다에 뿌리는 눈물이
피로 변할 줄을 알았을까
꽃이 피는 봄이 또, 되었다
새들은 가볍게 노래하고
산에 들에는
이름 없는 꽃들이 피고 지고
하늘은 맑은 청명에 한식
제사 지내고 계절의 여왕 5월이 지나가고
백의를 입은 사람들
땅을 닮아 밟히면서도 소리 없이 견딘 세월을
하늘에 일장기가 날리던 날의 세상에
생각지도 않은 성조기가 조선총독부 건물에 날리던 날
원하지 않던 징조들은 하나, 둘 살아나고
미군이 떠나던 날은 위정자의 가슴은 쪼그라들어
떠난 쪽을 향하여 불 밝히고

남은 남대로
북은 북대로
각기 나라를 세우고
두 개의 심장을
나누어진 한쪽씩 심장을 부둥켜안고
불안정한 구석을 채우고
북은 잘 몰라도
남은 미군정에 속속 복귀한 친일의 잔재들
테러와 테러로 겹친
민족주의자들의 죽음
독립운동가들의 죽음
풀은 잘라도 풀로 자라고
아무도 모르게 다시 새싹으로 일어서고
아무도 모르는 사이에 꽃피우고
땅의 노래로 민들레처럼 바람을 타고 세상에 날고
일장기에도 붙어
성조기에도 붙어
만세 함성에 흔들리던 태극기에도 붙어
날리는 소리와 눈물
단군 이래 변절에 변절을 더한
내 나라 내 땅에서 변절하고 변절한 사람들
성조기에 촛대를 꽂고 기도하던
사람들이 살아와
북에서 온 사람을 모아 이승만, 조병옥은 서북청년단을 만들고
남에 있던 사람들을 모아 대동청년단을 만들었다
조선 공산당, 조선인민위원회, 양민

남에서 전향한 사람들을 모아 국민 보도연맹을 만들고
수많은 사람을 공산당으로 몰아 빨갱이로 수형하고
백성들을 죽이는 것을 거부하는 사람들을 역적으로 만들어
자기 땅에서 죽은 목숨으로
방황하는 해방
남도의 뜨거운 열기는 세월의 역류에 빠져
해방의 조국에서 역적이 되고 폭도가 되고
몇 자루 갖지 못한 총으로
반역의 무리가 되어 한라산에서
주검으로 돌아온
말하지 못한 검은 땅의 야야기
여수에서 군인들은 어찌 죽었고
백성들이 말하는 손가락 총은 무엇을 말하는가
인간의 생사여탈을 쥐고 완장을 찬 사람들의 놀음
학교 운동장에서
일본군이 파 놓은 참호에서
우리가 살던 들에서
산에서
갈 곳 없이 자기 땅에서 유배당해
산으로 간 사람들
누구의 몫으로 뜨거운 피는 흐르는가
아름다운 꽃이 피고
새가 우는 땅의 기약 없는 노래는
해방 정국을 흔들고
반탁 찬탁에 암살
해방된 조국에서

울고 있던 어린 민족의 백성들
임진년 왜놈에 밀려 도망을 갔던 선조
동학년 고종의 왜(倭)세에 의탁해
무참히 죽어간 땅에서
이제는 자신의 동족을 죽고 죽이는 참상 속에
밝은 광복, 해방이 왔건만
갈 곳이 더 없는 땅
산 들 강 바다로 흘러가는 물은 바람은
세월이 지난 지금도 흐르고
유구한 역사는 입을 다물라 하는데
백수광부 처의 노래처럼
죽음의 강을 건너는 사람들의 노래가 끊임없이 흐르는 땅
새로운 바람은 불어도
비탄에 겨운 노래일 뿐
이러한 역사의 이야기를 조금 풀어 놓으려 한다
녹두꽃 지면 청포 장수 울고 가는 노래는
아직도 계속되고 있다
이 한풀이 노래
동학의 소리는 3·1 만세 운동으로 독립의 거친 함성으로
4·19를 거쳐 5·18을 거쳐 6월의 뜨거운 목소리로
촛불로 밝게 빛나던
들풀의 역사는 자라고 어떤 것보다도
먼저 일어나고, 먼저 자고**
귀를 돋아 세우고 있어
역사 속에 살아서 숨소리로 말하고 미소로 말하고

어둔 역사 속에서
아침 햇살은 떠오른다.
삼족오가 날며 아침 햇살을 잘게 쪼개
땅이 빛나는 아침 생명의 소리로 일어서는
산 들 강 바다 빛나는 소리로 깨어나
죽음의 함성들이 세상을 채우는 민중의 역사

* 모자섬 : 여수 외곽의 섬으로 남해와 사이에 있는 조그마한 섬 민간인 학살이 있던 섬으로 이 밖의 해류는 태평양으로 간다고 함.
 ** 김수영의 시 『풀』에서 차용

해방

해방은 도둑처럼 왔다
미국의 원폭 투하
거대한 폭발로 일본 본토 섬을 죽음으로 몰아넣고
꽃처럼 죽음으로 독립을 바라던 광복군의
이글 작전을 눈앞에 두고
꽃처럼 산화하기로 약속
꽃으로 져
저 너머 먼 땅에서 다시 만나
아름다운 열매로 맺은 조국 산하를
보기로 맹세한 것은 물거품이 되었다
이국만리 중경의 임시정부는 미아가 되었다
광복군은 누구인지 모르는 단체가 되어
개별적으로 조국 땅에 들어왔다
아름다운 꽃으로 지고 싶었던 꿈만을 안은 채

누천년 누 만년
선조들의 숨결이 잠든 조국 산하
내 나라 내 땅이
또다시 이민족의 발아래 놓이고
독립을 꿈꾸며 이역만리에서 숨어서 숨죽이고
동지의 목숨을 담보로 이어온
짧은 역사 또한 아무것도 아닌 방황에 지나지 않은 슬

픔

"역사를 잊은 민족은 사라질 것이니"
단재의 숨소리도 멎기 전

꿈길 같은 조국

남은 미국에
북은 소련에
점령된
조국의 산 들 강 바다
그 어디에도 눈물이 없을 수 있을까

승리자로 내 발로 걸어오고 싶은 조국

해방이 되었으니 와야 할 땅에
늦어버린 발걸음으로
초대받지 못한 조국의 땅에
외국에서 하나씩 하나씩
뿔뿔이 와 땅에 머리를 박고 울었다
해방이 되었다는 기쁨
또 점령군에 정복당했다는 슬픔
미·소·영·중 4개국 신탁통치
미·소에
양분되고
진정한 독립의 열망에 대한 슬픔을 안고
해방은 남의 손에 왔다

역사 속에서
일제에 의해 없어진 산하
고조선적, 부여적, 고구려적, 백제적, 신라적
그 이전 헤아릴 수 없는 선사들의 숨결이 잠든
만주벌판, 요동벌판, 연해주의 땅은
생각할 겨를 도 없이
그저 반도에만 머물러 있던 해방
그것마저도 분단의 아픔을 안은 채
슬프도다
슬프도다
아! 아! 슬프도다
해방이여
1945년 8월 15일 그날이여

건국준비위원회 여운형

광복 년
일제는 급해졌다
나가사키, 히로시마에
구름버섯이 떨어진 후
일왕은 항복을 준비하고
조선총독부도 안전한 철수를
보장받기 위해
건국동맹 여운형을 만나 협상하였다

여운형은 조건을 제시

1. 정치•경제범의 즉시 석방
2. 3개월간의 식량 보급
3. 치안유지와 건국 사업에 대한 간섭 배제
4. 학생훈련과 청년조직에 대한 간섭 배제
5. 노동자와 농민을 건국 사업에 조직, 동원하는 것에 대한 간섭 배제

조선 총독 아베 노부유키와
총독부 정무총감 엔도 류사쿠는 들어줄 수밖에 없는 조건으로
협상 타결
건국동맹을 광복과 동시에

조선건국위원회로 바꾸고
일본총독부로 부터
모든 권한을 위임받아 통치하기로 하였다

1945년 8월 16일 오후 1시 서울 휘문고등학교 교정
몽양 여운형
엔도와 회담 경과보고 연설회를 열었다
한·일 두 나라는 민족의 자주호양을 말했지만
점령국 미·소의 의중을 헤아리지 못했다

여운형을 위원장으로
부위원장 안재홍
총무부장 최근우
재무부장 이규갑
조직부장 정　백
선전부장 조동호
무경부장 권태석으로 조직하였다

시작은 순조로웠다
좌우익을 아우르는 조직을 만들기 위한 노력도 병행하였고
민주 공화정으로의 행보
완전한 독립국의 역할을 충실하게 쌓아나갔다

8월 16일
서대문형무소, 경성형무소의 경제범, 정치범 석방
건국치안대 일본 군경을 무력화 하였으며

식량대책위원회는 조선식량단을 접수했다

220여 개의 전국조직으로 발전
치안과 경제
발전적 지향으로 건준은
국가를 조직하기 위한 발판을 닦았다
건준은 독립의 모습과 자치 할 수 있음을 보여주었다
국민도 건준이 국가를 유지 할 수 있는 것으로 보았다

9월 2일 건준 선언문을 발표하고
이미 제정된 강령을 내세우며
자주독립의 길로 한 걸음 나아갔다

강 령

1. 우리는 완전한 독립 국가의 건설을 기함
1. 우리는 전 민족의 정치적, 경제적, 사회적 기번요구를
   실현할 수 있는 민주주의 정권 수립을 기함
1. 우리는 일시적 과도기에 있어 국가 질서를 자주적으로
유지하며 대중 생활의 확보를 기함

1945년 8월 28일 조선건국준비위원회

건준은 9월 6일
인민위원회로 이름을 바꾸고
국가로 가기 위한
새로운 꽃을 피우고 있었다

그러나 1945년 9월 7일

맥아더 포고령이 내려지고
승전국 미국이 입성을 시작하며
봉우리도 열어보지 못하고
꽃은 졌다

남은 미국군이 진주하고
분단 국가의 첫발을 내디디며
북의 인민위원회는 북조선인민위원회로
남은 군정이 시작되며 해산명령으로
친일했던 사람들이 그대로 치안을 유지
대립의 시간은 다가오고 있었다

이렇게 미군정이 들어서며
1985년 10월 6일* 인민위원회는
미군정이 해산하게 함으로
무궁화꽃은 졌다

해방 2년 동안 12차례 이상의 테러 끝에 희생
붉은 피도 선연한 자국을 남기고
좌익의 혀와 우익의 위장을 가진** 사나이
중도좌파 여운형
꿈속의 태양은 지고 말았다
하나의 독립도 지고 있었다

*나무위키
**리처드 로빈슨

미군정

미군정사령관님이 조선 땅에 들어오는 날이었다
총탄이 두 발 대한 조선인의 가슴에 박은 채
그것도 패잔 일제의 군경 총탄
그래
그날은 인천으로 존 리드 하지 중장이 들어오는 날
미군정은 출발하기도 전에 치안을
일본 경찰에 맡겼다

미군정청은 미군 24사단에 의해
1945년 9월 8일 인천에 상륙
대한 조선인의 만세 소리를 만류하고
1945년 9월 9일 서울에 입성
미군 군정사령관 미육군 중장 하지와
일본의 조선 총독 아베는
일본의 통치권 이양문에 서명을 하고
일장기 대신 성조기를
조선총독부 건물에 올렸다

군정의 시작이었다

하지가 출발하기 전 이미

맥아더 포고령은 대한조선의 땅
38도 이남에 내려졌다

조선인민에게 고함.

태평양 방면 미국 육군부대 총사령관으로서 나는 이에 다음과 같이 포고함.

일본 국 정부의 연합국에 대한 무조건항복은 우 제국(諸國) 군대간에 오랫동안 속행되어온 무력투쟁을 끝냈다.

일본천황과 일본국 정부의 명령과 이를 돕기 위해 그리고 일본 대본영의 명령과 이를 돕기위해 조인된 항복문서 내용에 따라 나의 지휘하에 있는 승리에 빛나는 군대는 금일 북위 38도 이남의 조선영토를 점령한다.

조선인민의 오랫동안의 노예상태와 적당한 시기에 조선을 해방 독립시키리라는 연합국의 결심을 명심하고, 조선인민은 점령목적이 항복문서를 이행하고 자기들의 인권 및 종교의 권리를 보호함에 있다는것을 보장받는다. 이러한 목적들을 실시함과 동시에 조선인민의 적극적인 지원과 법령준수가 필요하다.

태평양 방면 미국 육군부대 총사령관인 나에게 부여된 권한으로 나는 이에 북위 38도 이남의 조선과 그곳의 조선주민에 대하여 군사적 관리를 하고자 다음과 같은 점령조항을 발표한다.

제1조 - 북위 38도 이남의 조선영토와 조선인민에 대한 정부의 모든 권한은 당분간 나의 관할을 받는다.

제2조 - 정부의 전 공공 및 명예직원과 사용인 및 공공복

> 지와 공공위생을 포함한 전 공공사업 기관의 유급 혹은 무급 직원 및 사용인과 중요한 사업에 종사하는 기타의 모든 사람은 추후 명령이 있을 때까지 종래의 기능 및 의무 수행을 계속하고, 모든 기록과 재산을 보존 보호해야 한다.
>
> 제3조 - 모든 사람은 급속히 나의 모든 명령과 나의 권한 하에 발한 명령에 복종하여야 한다. 점령부대에 대한 모든 반항행위 혹은 공공의 안녕을 방해하는 모든 행위에 대하여는 엄중한 처벌이 있을 것이다.
>
> 제4조 - 제군의 재산권을 존중하겠다. 제군은 내가 명령할 때까지 제군의 정상적인 직업에 종사하라.
>
> 제5조 - 군사적 관리를 하는 동안에는 모든 목적을 위하여서 영어가 공식언어이다. 영어 원문과 조선어 혹은 일본어 원문 간에 해석 혹은 정의에 관하여 어떤 애매한 점이 있거나 부동한 점이 있을 시에는 영어 원문에 따른다.
>
> 제6조 - 추후 포고, 포고규정 공고, 지령 및 법령은 나 혹은 나의 권한하에서 발표되어 제군에게 요구되는 것들을 구체화할 것이다.
>
> 1945년 9월 7일
>
> 태평양방면 미국 육군부대 총사령관 더글러스 맥아더

미국은 일찍이 대한제국을 일본이
미국은 필리핀을 가지기로
테프트가쓰라 협약을 맺고
우리 민족 우리 땅 우리의 혼

식민의 나락으로 가게 한
불편한 진실을 간직한 나라

2차 세계대전 말
얄타회담을 통해
대한조선을 미국과 소련이
양분하기로 결정
러・일전쟁 전 러・일이
일본이 미국・소련으로 대치된 형국
독립이 자의적으로 되지 않은 슬픔으로
분단의 38선
동강 난 역사의 비극은 시작되었다

포고문의 말 그대로
조선 영토는 남은 미국에 의해
점령당한 것이다
식민을 벗어나니 또 다른 식민의 시작이었다

군정은
다시 숨어있던 일본 일본의 앞잡이들을
행정, 경찰, 사법에 불러들이고
건준에서 인민위원회로 바뀐 자치기구를
인정하지 않고 해체하고 군정이 친일 앞잡이들을 앞세워 해체 접수하였다
  민심이 악화하자 일본 관료들이 떠나가고
  친일파들이 일본 관료가 떠난 자리를 채웠다

망명 임시정부도 인정하지 않았다
광복군도 인정하지 않았다
상해, 중경, 만주에서, 시베리아에서,
연해주에서 해방을 꿈꾸던 독립지사들 모두
개인 자격으로 조국의 땅을 밟아야 했다

대한조선은 패전국 일본의 식민지
주권이 없는 나라의 국민
뿌리 없는 완전한 일본의 나라였다
주권이 없는 정부를 점령한 미국이었다

그러나
한국인의 의식은
오 천년, 만년의 역사를 가진 하늘의 자손
일본의 완전한 속국이 아니었다
일본의 일부도 아니었다

미군정에 의해 살아난 친일의 세력들이
활개를 치고, 반공의 애국자가 되고

조선정판사 위조지폐 사건으로 공산주의자
남로당, 박헌영
지하에서 활동하다 북으로 가고
친일 우익 세력이 애국자로 바뀌었다

미군정은
이승만과 한민당을 잉태하여

남쪽 대한민국 땅에 낳아 놓았다

해방 이후 유일하게 친일 세력 단죄가 없었던 대한민국
한국의 보수의 꽃은 이렇게 피어나고
반공이 국시 되어
훗날 피비린내의 씨앗이 되었다

찬탁 반탁 말 많던
미·소공동위원회도 결렬
대한조선의 통일은 멀어지고
이승만과 한민당의 뜻대로 단정은 성립되고
반쪽의 나라로 남에서 정부가 들어서자
기다렸다는 듯
북에도 정부가 들어섰다
하나의 민족 두 개의 국가로 태어난 한반도 한민족

남쪽에는 대소방파제로 대한민국이 성립
불안전한 군대 국방경비대가 만들어지고
북쪽에는 대미방파제로 조선인민공화국이 성립
대립의 역사 발해 신라 이후 남북국 시대를 맞이하였다

미군정은
조선인민위원회를 해체하고
여운형이 암살당하고
남로당 조선정판사 위조지폐 사건으로
박헌영은 북으로 가고
미군정은 이승만을 잉태하여 대통령을 낳고

김구를 암살하고
친일파를 청산하지 않고 권력으로 안아
한민당을 양육하는 결과로 돌아와
반공을 국시로 만들었다

미군정사령관 하지의 속내야 어찌 되었든
중도로 가던
김구, 김규식 등도 설 자리가 없었고
나라는 이념의 소용돌이 속으로 가고
하지는 역사책의 이름으로만 남았다
트루먼, 맥아더의 손발이었을 뿐
미국의 의지대로 48년 이승만과 한민당의
대한민국을 낳았다

1948년 5월 10일 선거가 끝나고, 그해
1948년 8월 15일 대한민국 남쪽 정부수립
1948년 9월 9일 북쪽 조선민주주의인민공화국 정부수립
그렇게 되면서
남조선 단독정부를 주장한 사람은
조선 분단 고착화에 책임을 져야 한다,
김규식은 우려하였다.

이승만 정부

이승만은 미군정이 시작되고 나서야
다른 독립지사와 마찬가지로
개인 자격으로
해방된 땅을 밟을 수 있었다
모든 독립운동가가
해방을 벼락처럼 맞이한 슬픔처럼

이승만은 을사늑약 전 미국에서
미국이 을사늑약이 테프트가스라조약의 진실을 알고
미국이 한국을 팔아넘겼다고 생각하며
미국에 대한 의구심을 가진 우남
그럼에도 불구하고
미국에 남기로 결심하고
미국의 공적 문서에 국적은 일본으로 표기
박용만 등 독립투사들과 반목 소송을 일으키고
그 이래 외교에 의한 독립을 고집하였다

1919년 3·1운동 이후 결성된 임시정부의 초대 대통령
1925년 3월 25일 탄핵 되었지만
이후에도 이승만의 외교 활동은 지속되었다
1932년 국제연맹 한국독립을 탄원할 특권 대사
1933년 임시정부 국무위원

1934년 임시정부 주미 외무행서 외무위원장
1941년 재미한족위원회 외교위원장
1941년 임시정부 주미 외교부위원장

2차 세계대전 종전 후
미국 정부는 그의 귀국을 쉽게 허락하지 않았으나
미군정청의 하지 군정사령관은 귀국을 바랬다
그의 귀국은 다른 독립지사보다 빠르게 이루어졌다

해방 후 귀국한
이승만은 다른 길을 걸었다
하나의 조선이나 대한민국이 아니라
남쪽의 단정을 생각하며 정치 행보를 하였다
김구나 여운형이나 김규식이나 조만식이나
다른 유력인사들과 다르게
정읍발언에서는 그의 야심을 드러내었다

[정읍발언]

이제 우리는 무기 휴회 된 공위가 재개될 기색도 보이지 않으며, 통일 정부를 고대하나 여의케 되지 않으니 우리는 남방만이라도 임시정부 혹은 위원회 같은 것을 조직하여 38 이북에서 소련이 철퇴 하도록 세계 공론에 호소하여야 될 것이다. 여러분도 결심하여야 될 것이다. 그리고, 민족 통일기관 설치에 대하여 지금까지 노력 하여왔으나 이번에는 우리 민족의 대표적 통일기관을 귀경한 후 즉시 설치하게 되었으니 각 지방에서도 중앙의 지시에 순응하여 조직적으로 활동하여 주기 바란다.

이승만은 임시정부 대통령으로 있으면서도
다른 지사들과 대립이 있었다
해방 후
우연하게 아니면 필연으로
그의 정적들은 모두 암살되거나
38선을 넘어 북으로 갔다
여운형 암살
송진우 암살
장덕수 암살
김구 암살
김원봉 북한행
홍명희 북한행
박헌영 북한행
결과적으로 이승만의 정적을 제거하였다
정국의 주도권을 쥐는 쪽으로 흘렀다

1948년 5월 10일 제헌국회 피선
1948년 5월 31일 제1대 제헌국회 의장으로 선출
대통령책임제를 강력 주장
같은 해 7월 20일 대통령에 선출
7월 24일 제1대 대통령에 취임

미군정을 이어받은 대한민국 정부수립
남한만의 단정은 1948년 8월 15일 시작되었다
바로 다음 날 반민특위법을 상정 9월 7일 통과되었으나
미군정으로부터 광범위하게 채용된 친일파
이승만 정부의 반대로 유명무실하게 되었으며

1949년 6월 6일 특경대 해체
1949년 10월 4일 완전 해산이 되어
친일 청산은 요원한 시대의 숙제로 남게되었다

이후 이승만 정부는
미군정 시 시작된 4·3항쟁
1949년 10월 여순 항쟁 등을 평계로
공산주의자와 전쟁은 시작되었으며
이는 남로당원들의 검거
인민위원회의 좌익들을 검거
교도소에 수형하고
한국전쟁 이후 이유를 묻지도 않고 죽이는
학살의 결과를 나왔다

1949년 6월 5일
국민보도연맹을 조직하여 좌익사상을
사상 전향하여
이들을 보호하고 인도한다는 취지였으나
대국민 사상통제의 방편으로 삼았다
훗날 한국전쟁이 나면서 대량 학살의 피해자로 남게 되었다

이승만 정부의 출범은 대한민국외 시작과 남한만이 반쪽 정부를 알리며
한민당의 어설픈 민족주의와 친일파의 암묵적 도움으로 출발하였다
전쟁이 나기까지 친일 잔당들은 호의호식하는 자리에

앉고
　독립운동의 뿌리는 허공에 뻗었다
　친일 잔당의 입지는 공산주의를 뿌리 뽑겠다고
　애국지사가 되었고
　친일 우익을 자인한 사람들과 경찰에 의해
　독립지사들은 친공산주의자가 되었다

　1949년 농지개혁법을 추진하며
　친일 지주가 재정적 뒷배인 한민당과 결별
　미군의 철수
　미군에 원조 등을 요청하며 북진통일을 주장하였지만
　1950년 6월 25일 한국전쟁은 발발하였다
　이승만은 6월 28일 대전으로 피신, 7월 1일 익산, 7월 2일 목포, 7월 9일 대구 부산으로 갔다
　서울은 안전하다 버리지 않는다. 하던
　이승만이 떠난 서울의 한강 다리는 폭파되었고
　임진왜란의 선조처럼 백성을 등지고 서울을 떠나는 대통령이라는 오명을 남겼다
　훗날 다리가 없어 남은 사람들은 부역의 멍에를 씌어 많은 사람을 학살하였다
　한국전쟁은 민족상잔의 비극이 시작된 것이며
　국민에게 인기가 없어져 가던 이승만에게는 기사회생의 계기가 되었다
　북한의 인민군이 물밀듯이 내려왔고
　한국전쟁 중 부산에 머물렀다

2부
한국전쟁 전 학살

46년 대구의 시월 항쟁

- 1946년 10년 1일 대구시민이 미군정의 부당함에 항쟁-전국으로 확산

46년 대구의 시월은 조병갑의 동학혁명 때 보다
나라를 빼앗긴 식민의 때 보다
잔인한 백성의 시간이었다
대구는 섬이었다
모든 것이 끊기고 백성의 목숨마저
곯은 배를 움켜쥐고 죽어가야 하는 고립의 대구
콜레라가 창궐한 사람의 도시

45년 해방이 되고
나라의 독립은 헛된 꿈
맥아더의 포고령으로
점령군이 진주한 나라는 식민의 다름이 아니었다
미군정은 일본 경찰을 그대로
일본 깃발 대신 성조기로 바뀌었을 뿐
일본의 행정을 그대로
일본의 모습을 그대로
식량의 공출은 더하고
일본도 하지 않던 하곡 공출
미군정은 하곡도 수탈의 대상
경찰은 일제강점기 때 보다 더, 더하게 수탈
"일본의 충견들"

"당신들은 조선사람이 아니요?
 우리는 같은 혈육이 아니오?
 어째서 우리에게 발포하는가?" * 라고 물었고
먹을 것마저 없는 땅
백성들은 '배 곱파 못 살겠소'*** 외쳤다

9월의 총파업은
살기 위한 방편
말하지 못하던 백성의 울부짖음
밥을 달라는 사람의 마지막 항변
하곡 수탈에 가을 추수기 수탈까지
집안까지 샅샅이 뒤진
뱃속까지 뒤진 미군정, 친일 경찰에 대한 저항
말할 수 없는 항쟁이었다

10월 1일 발포 사람이 죽고
'해방의 선물은 기근이다.'***
총에 맞아 죽거나 굶어 죽거나
사람의 항쟁은 지속
대구를 지나
영천, 선산, 김천, 성주, 칠곡 등 영남을 거쳐
서울 경기, 강원, 충청, 호남
전국으로 들불처럼 일어

4·3까지 이어진 민중의 함성
여순으로 이어진 민족항변의 노래

대구의 시월은
친일 경찰의 부활
토지개혁 실패
관리의 부정부패
미군정 정책 실패가 부른
잔인한 10월 그날의 항쟁은 거리에서
돌아오지 못하는 시신으로 남은
10월
배고픈 사람, 기아의 항전
1946년 대구의 시월 항쟁이었다

*USAFIK, 1945~1947, 1946년 10월 24일, Chinju ,Comings, 1981, p361 ; 1986p 450에서 재인용에서 「미군 점령 4년사」, 송광섭, 2024. 11. 20.에서 다시 인용.
　**영남일보 1946년 7월 2일
　***항간에 떠돌던 말

4·3 새벽 2시 제주 무장봉기, 주민 토벌 학살

- 1948년 4월 3일 봉기 1954년 9월 21일까지 제주도민 학살

1948년 4월 3일 새벽 2시
제주도 남로당 제주도위원회
350명의 무장대는 12개 경찰지서
서북청년단을 중심으로 한 우익단체
지목해 습격
'탄압이면 항쟁이다'
'조국의 통일 독립과 완전한 민족 해방'
'남한의 단독선거 단독정부 반대'
무장봉기 무기는
일제 99소총 27정
권총 3정
수류탄 25발
나머지는 죽창, 도끼, 농기구
그리고 오름에는 봉화
오름마다 붉게 타오르는 한라산
타오르는 봉화는 제주 민중의
저항의 시작이었다

1945년 8월 15일 해방
1945년 9월 8일 미군 점령군으로 진주
1945년 11월 9일 미군 제59군 정중대 제주 입성

스타우트소령 친일 관리, 경찰 재등용
제주도(島) 전라남도 분리 제주도(道) 탄생
국방경비대 9연대 창설, 제주 감찰청 승격
1947년 3월 1일 경찰의 발포
관덕정 앞 2시 24분 기마경찰이 탄 말에 어린이 치이고
주변 사람이 기마병에게 돌을 던지며 항의
경찰의 발포 6명 사망, 6명 총상
1947년 3월 10일 총파업
운수, 통신, 금융, 학교, 상점, 경찰
166개 기관 41,211명 파업
미군정 조사 3월 1일 발포가 반감을 가졌다
제주도 도민의 70%가 좌익동조자
경무부의 최경진 차장은 90%가 좌익이라 발언
1947년 3월 14일 경찰 421명 급파 고문 시작
유해진 도지사 임명
서북청년단 제주 입성

그러나 이 시위는 미군정에 대한 항의가 아니고
경찰의 발포에 대한 항의가 시발이었고
파업 또한 경찰에 대항한 것이었다

이후 검거 열풍
3.3평 감옥에 35명 수감
1년에 2,500명에 이르는 검거
고문치사자 발생
1948년 2월 7일 전국 총파업
2·7구국투쟁으로 9일, 10일, 11일 구금된

290명 체포된 사람 중
조천지서 1명, 모슬포지서 1명, 서청에 의해 1명
레드아일랜드의 이름을 쓰고 고문으로 죽었다
혁명의 꿈은 익고
4·3은 시작되었다

4월 17일 딘은 항복을 유도하라고 하고
매스필드중령은 김익렬에게 협상을 명령
4월 28일 9연대장 김익렬은 김달삼과 협상에 성공
72시간 내 전투를 완전 중지
무장해제는 점진적으로 하되 약속을 위반하면 즉각 전투 재개
무장해제와 해산이 원만히 이루어지면 주모자들의 신병을 보장한다

김익렬 중령 협상하러 간 시간에 5연대 병력과
미20연대 병력은 27일, 28일 제주읍을 수색
미군의 두 가지 작전을 가름하게 하는 작전이었다

그러나 우익단체의 5월 1일 오라리 민가 방화
경찰은 폭도라 하였으나
우익청년단원 저지른 일임을
김익렬은 밝혀낸다
또 그러나 미군방첩대는 김익렬연대장의 보고를 묵살
폭도의 소행이라는 경찰의 주장을 받아
미군은 경비대에게 총공격을 명령
평화협상은 무산되고

5월 3일 미군의 강경 진압으로 바뀌어 버렸다
'무장대를 총공격하라'

또한 미군의 무성영화
'제주도 메이데이'
오라리가 불타오르는 모습
동영상에 필름을 덧붙여
메이데이 무성영화
토벌대가 저지른 방화를
오라리 방화를 무장대가 한 짓처럼
편집되어 있었다

제주 학살의 시작이며 죽음의 섬으로 돌변하였다

5·10 선거를 앞둔 하지 미군정사령관의 결정이었다

조병옥 경무부장은 계획된 공산폭동
김익렬 연대장은 경찰의 실책으로 입산자 증가
둘은 몸싸움을 벌이고
5월 6일 김익렬은 전격 해임
제주는 박진경 중령이 부임하였다

선거일에 사람들은 모두 산으로 들어가
저녁에나 돌아와 선거 인수를 못 미쳐 선거가 무효화 되고
미군정은 제주도 선거 무효화 선언한다

박진경은 강경 진압
체포 작전 6주간
5천 명을 체포하여
대령으로 특진 파티가 있던 날
1948년 6월 18일 새벽
술 먹고 잠든 박진경 대령을 깨워
'제주도민의 이름으로 처형한다'
문상길 중위, 손선호 하사가 총살

송요찬이 9연대에 취임
1948년 10월 17일 정부의 지령에 따라
해안선 5km이 내의 사람은 이유 없이 총살
포고령을 발포
1948년 11월 17일 대통령령의 계엄령 제주도에 선포
제주도는 학살의 땅이 되었다

중산간 지대가 표적이었다

이후 이승만 대통령의 가혹하게 탄압하라는 명령
서북청년단을 경찰에 편입
중산간 마을 1948년 11월 중순부터 소개령
소개 후 중산간 마을은 순식간에 95%가 소실
남아 있던 사람은 집단으로 희생되었다
토벌대는 무장대의 공격을 막기 위해
소개한 사람들에게 돌로 성담을 쌓고 보초를 세웠다

서북청년단의 무고한 학살

'우리는 산 사람이다' 외치는 사람에게
무장대 복장으로 위장한 경찰이 쌀을 달라하고 학살
젊은 여성은 강간하고
임신부는 옷 벗겨 죽이고
강간하려고 하다 거부당하면 곤봉으로 마구 때렸다
그리고 죽창으로 여자들을 찌르라 하고
주민들을 집합시켜 무조건 죽이고
어린아이가 나이 많은 사람 죽이고
이유 없이 또 죽이고
어린아이는 발을 잡아 바위에 메쳐 죽이고
가옥은 불 지르고, 또 불 지르고
머리를 잘라 죽여 매달고 다니고
생매장해 죽이고
바다에 빠뜨려 죽이고
여자들을 발가벗겨 나무 기둥에 묶어두고 표창 연습
젖가슴을 도려내 정방폭포로 던지고
손톱과 발톱 밑에 못 박고
스패너로 혀를 뽑아버리고
서북청년단 이윤도는 80명을 죽이고도 모자라
죽은 어미 앞에서 젖먹이 아기를 찔러 위로 치켜들고
도피자 가족 대살 자수하면 살려준다. 하고 학살
주민들을 모아 놓고 관광 총살 그리고 함정학살
다랑쉬굴 등 은신 자 무차별 학살

제주도 총무국장 김두현 서청제주단장 사무실에서
매질 당하고 죽자 공산주의자라 처형했다 하고
9연대 군인이 된 것으로 마무리

무장대와 전투에서 토벌군이 죽으면 보복학살
무장대에 의해 민간인이 죽어도 보복학살
중산간 지대의 사람들은 갈 곳 없어 산으로
굴로 피난 갔다 학살당하고 4·3의 제주도는 사람 사는 땅이 아니었다

제주도는 학살의 땅이었다

학살이 끝난 제주도
도피자의 가족들은
눈 덮인 한라산을
어린 자식 시부모의
손을 잡고 산을 올라
많은 사람 굶어 죽고 얼어 죽고

무장대 사령관 김달삼에서 바뀐 이덕구
무장대의 항전에도 불구하고
1949년 3월에 무장대는 와해 되고
무장대 사령관 이덕구
1949년 6월 7일 사살
관덕정에 십자가에 시신이 달려 있었다

'탄압이면 항쟁이다'
'조국의 통일 독립 완전한 민족 해방'
'남한만의 단독선거 단독정부 반대'
모두 꿈처럼 십자가에 달린

이덕구의 눈처럼 제주도는 눈 감았다

하산한 사람들은
서울, 인천, 전주, 대구, 대전, 광주, 목포,
김천, 부천, 안동, 부산, 마산 등의 형무소로 가
한국전쟁이 시작되면서 학살의 제물이 되고
다시는 돌아오지 못하는 이승의 한을
저승으로 가지고 간 유골만 남아
날이 갈수록 삭혀져서 없어지고
4·3의 사실도 잊히고 사라지고,
입 다물라 하는 세월을 살고
현무암의 검은 대지는 그때를 말하듯 검게 빛나고
검푸른 제주의 바다는 피 멍든 색으로
4·3의 소리처럼 멀리서와 파도 소리로 부서져
못다 한 노래를 부른다

4·3의 가운데 김익렬, 문상길, 손선호 그리고 박진경

김익렬 김달삼과 적지로 들어가 담판을 한 사내
김익렬 김달삼과 담판을 지키기 위해
김익렬 조병욱에게 빨갱이 소리를 듣고
김익렬 박진경중령에게 인수인계를 하고
김익렬 박진경중령을 후임으로 두고 떠나고
자신이 책임지지 못한 김달삼과의 약속
잊지 말아 달라고 신신당부하고 떠났지만
박진경중령 미군이 시키는 대로
서에서 동으로 모두 쓸어 담을 기세로
학살을 자행했지
무장대는 500명인데 6,000명을 연행 무참히
5,000명을 학살한 사내
박진경연대장
그 공로로 대령 계급장을 하사받아
술을 먹은 새벽
그의 부하 문상렬 중위의 명령으로
손선호하사 박진경 대령을 사살
이들도 형장의 이슬이 되었지
죽고 사는 것은 하늘의 일
먼저 간 박진경이나
후에 사형선고를 받고 죽은 문상렬중위나

먼저 죽은 제주도 사람이나
생명은 같은 것

4·3은 수렁으로 들어가
500명의 무장대 모두가 죽고
제주도민 3만인지
1만 5천인지 죽고
김익렬
4월 28일 무장대와 협의를
이행하려 하였다
그러나
미군정의 선의는 없었다

친미 경무국장으로 갈아탄 친일파
조병옥에게서
김익렬 빨갱이 소리 듣고
자신의 의지와 관계없이
제주비상계엄사령부대장에서 해임되고
그 자리에 온
친일 매국노였던
박진경 중령
강경 진압
계엄사령부 군인들에게도 공분
군 이탈자가 생기고 있었다

군 모집 광고에는
모국의 주구도 아니고

좌도 우도 아니요
동포의 피 끓는 애국심을 요구하는
일개 정당의 이용기관도 아닌
민족적 자존의 기관
국방경비대

문상길
손선호
원하던 평화적 해결은 안 되어
미군정과 경무국이 원하던
동족상잔의 길로 갔고
문상길의 마지막 말
'나는 갑니다.'
그러나 동족상잔의 길은 가지 말라고
한 말
총성에 소리 없이 사라지고

문상길 중위 최후진술
'우리가 군인으로서 직속상관을 살해하고
살 수 있으리라 생각하지 않습니다
죽음을 결심하고 행동한 겁니다
재판장 이하 전 법관도 우리 민족이기에
민족 반역자를 처형한 것에 대해서는
공감을 가질 줄 압니다
이 법정에 대하여 조금도 원한을 가지지 않습니다.'

김익렬 중령,

문상길 중위, 손선호 하사
박진경대령을 총살한
모두 4·3의 가운데서 의인이었다

여순 사건 이후 학살

- 1948년 10월 10일 14연대가 4·3의 진압을 거부하여 일으킨 항쟁, 정부가 진압 중 항쟁부대는 사라지고 민간인 학살

제주 4 · 3 출동 명령을 받은 14연대
여수주둔 병력은 출동을 거부하였다
"같은 동족을 살상할 수 없다."
1948년 10월 19일 오후 8시 상륙정에 오르는 시간
비상 나팔 소리와 함께
제1대대 장병 전원
나머지 2개 대대도 순식간 합류
1948년 10월 19일 14연대 여순 사건의 시작 되었다
반대하는 군인 장교는 모두 죽이고
지창수 상사 제주출동 거부, 경찰 타도, 남북통일
구호와 함께 여수 점령
- 인민위원회 행정기관접수
- 친일 민족반역자, 경찰관 소탕
- 토지개혁
- 조선민주주의인민공화국 수호
- 대한민국 분쇄
- 남한의 모든 법령 무효 등을 선언
여수 장악
순천도 10월 23일 3시 장악
여수의 친일파는 민중에 의해 처형
순천도 친일파도 민중에 의해 처형
이런 14연대의 저항은

인민위원회에서 접수
대출해주고 토지를 분배해 주고
식량을 나누어주고
순천은 3일
여수는 9일 만에 막을 내리고
14연대의 장병들은 백운산을 거쳐 지리산으로 가고
하우스만 대위 임시 미 군사고문과
이승만 정부는 법에도 없는 계엄을 선포하고
계엄은 학살의 보증 수표
여수 순천에는 백성만 남았다
진압군이 들어 온 순천 여수
무차별 학살을 했다

1948년 10월 22일 김백일중령의 계엄선포
1948년 10월 25일 이승만 대통령령 제13호로 계엄 공포
1948년 10월 26일 여수 순천
1948년 11월 1일 호남지구 사령관 전남북 계엄
계엄은 즉결처분권이 있어
학살의 시작

계엄은 법에도 없었고
시행하는 규칙도 없었고
일제강점시대도 제한적으로 사용하던 것
자국민을 상대로 하는
학살의 법

여수, 순천은 진압군이 점령하고

계엄을 선포하고

손톱 몸에 기름때가 있으면
공장에서 일했던, 어디 기름기가 있는 곳에서 일했던
따지지 않고 M1 소총을 만졌다고 학살
하얀 신 찌까다비를 신고 있으면 학살
머리가 짧으면 학살
손가락에 군살이 붙은 사람 학살
저항군이 나누어준 물자를 받았다고 학살
군용팬티를 입고 있으면
저항군이라고 학살

순천의 북초등학교 운동장에서는
사람의 선별이 이루어지고
낙인된 사람들은 학교 주변의 구덩이에
주검들이 쌓이고 총 맞아 죽지 못한 사람은 꿈틀거리고
여순사건의 피해자는 백성
백성이 백성을 지목하여 사람의
손가락이 가리키면 즉결심판
죽음의 손가락 총이 되고
젊은 사람과 나이 든 사람을 불러
뺨을 치는 싸다귀 때리기를 시키고
사람 사는 세상이 아니었던
여수, 순천, 광양, 보성, 고흥
그리고 보성의 벌교
모두에게 잔인했던 시간이었다

이미 14연대는 지리산으로 떠나고
아니면 고향으로 떠나가고

남은 사람은 거기 사는 백성뿐이었다

죽으러 가는 사람들의 무거운 침묵
애원도 기도도 없었고

지리산과 가까운 구례는
낮에는 진압군
밤에는 반군
시달림이 한층 심했고
학살도 훨씬 심했다

총살, 척살, 수장, 참수, 타살, 병사, 반란군에게, 토벌대에게, 경비대에게, 피아가 불분명한 경계, 고문사, 충격사, 좌익에 의해, 반군에 의해, 전투로, 밀고에, 의혹으로
 증발하고 잊힌 사람들

누구 대신 죽은 사람들

구례의 학살은
구례경찰서에서 사살
간문천변 사살, 봉성산에서, 곡성군 죽곡면 동계계곡
주암 가는 길목, 피아골
서시천 다리 밑, 마산면 청내다리 밑
마을 수색 중 학살

산동면 둔사리 저수지 학살
간전국교, 산동면 외산리 기슭 학살
토지면 야산 용두리
산동면 시상리 꽃쟁이 학살
밤에는 산 사람, 낮에는 진압군에
보호받지 못하는 시대의 학살을 접하고

이런 노래로 대신하는 구례의 학살

    잘 있거라 산동아 너를 두고 나는 간다
    열아홉 꽃봉오리 피워보지 못한 채로
    까마귀 우는 골에 병든 다리 절며절며
    달비머리 풀어 얹고 원한의 넋이 되어
    노고단 골짜기에 이름 없이 쓰러졌네

    살기 좋은 산동마을 인심도 좋아
    산수유 꽃잎마다 설운 정을 맺어놓고
    까마귀 우는 골에 나는야 간다
    노고단 화엄사 종소리야
    너만은 너만은 영원토록 울어다오

    잘 있거라 산동아 너를 두고 나는 간다
    산수유 꽃잎마다 설운 정을 맺어놓고
    회오리 찬바람에 부모 효성 다 못하고
    발길마다 눈물지며 꽃처럼 떨어져서
    나 혼자 총소리에 이름 없이 쓰러졌네

                                    - 산동애가

구례를 떠도는 슬픈 노래
구례는 전쟁 후 지리산이 해제될 때까지
피비린내 나는 시절의 연속
질긴 세월을 긴장에 살아야 했다

여수, 순천, 구례뿐 아니라
광양, 보성, 고흥 등 전남동부는 모두
휘몰아치는 아우성의 소리
모자섬을 바라보며 형제묘가 서 있는
1만 5천의 원혼이 떠도는 여순사건
산과 바다를 오가는 바람은 알고
파도는 깨우는 소리를 한다

그리고 어이없는 노래가 산 사람의 노래가 되어
높은 산골짜기에서 세상에 울려 퍼진다

부용산 오리길에 잔디만 푸르러 푸르러
솔밭 사이 사이로 회오리바람 타고
간다는 말 한마디 없이
너는 가고 말았구나
피어나지 못한 채 병든 장미는 시들어지고
부용산 봉우리에 하늘만 푸르러 푸르러

[부용산] 박기동 시

어이없이 산 사람의 노래
구슬픈 단조의 노래가
산 사람이 부른 노래였다
벌교의 부용산을 노래한

동생은 폐병으로 죽고
그 슬픈 곡조는 입에서 입을 타고
산 사람과 학살의 노래가 되고
온 누리를 울려 퍼지고
여순 사건을 잊지 말라고 불리는 노래가 되고
여자만에 밀려오는 파도 소리가 되어 우는
순천만에 애달픈 노래
모자섬에서 몰려와 어디로 갔는지도 모르는 시신들
태평양 너른 물길로 가고 돌아오지 못한 원혼의 함성
파도 소리

여순사건 연계 순천학살
- 1948년 10월 19일에서 1950년 2월 말까지 순천에서의 학살

아름다운 산하에 우리의 땅은 전쟁도 있기 전
피비린내 나는 학살이 자행되었다
여순사건 이후 순천에서 학살된 사람들
남도 바닷가 가까이 들녘이 보이는 곳
지리산의 산새가 넘어 보이던 곳 황전
낙안읍성이 보이는 아름다운 산과 언덕
순천 시내 다목적 댐이 된 주암과
지금은 커다란 저수지가 된 상사에서
승주에서 월등에서 이름도 아름다운 별량에서
곳곳이 죽음의 총성으로 집단 사살
원혼의 소리가 강바람 산바람을 타고
쏴아-쏴아아 나무들은 부딪히며 일렁이는 곳
순천

국군 제2연대, 제3연대, 제4연대, 제12연대, 제15연대,
순천경찰서 경찰에 의해 사살
목을 베어 총에 걸고 다니고
가옥에 불 지르고
민간인을 살상하면 전과가 되었다

계엄령 하의 여순지역 모두는
반군 협조했다. 며

반군 가담했다. 며
본 사건과 무관 억울하게 대살(代殺)
목숨은 대신 할 수 없는데 그들은 죽었다
죽어야 했다

정부가 생긴 초기
계엄령 법도 없는데 계엄령이 발동되어 죽었다
즉결처분 사살된 사람은 민간인,
군인도 반란군도 아니었다

모든 문제를 좌익과 공산주의자로 지목
정부군은 반란군과 민간인을 구분하지 않고
모두 사살 하였다

운동장에 집합 혐의자는 팬티만 입은 채
하나를 손가락질하면 한 사람
그 사람이 또 모르는 한 사람을 가리키면 또
한 사람 또 또 또
순천북국민학교 교정
끌려 나온 사람을 이 얼굴 저 얼굴 보고
누군가를 찾는 사람과 눈길을 피하는 사람들
눈길이 마주치면 저놈이다. 손가락질을 하면
끝장

순천 사람들이 수용된 북국민학교 운동장
구덩이로 탕탕탕
시체가

쏟아져 들어가고

반군에게 밥을 해주었다는 이유로
주민들이 보는
아래 논에서 사살
반군에 조금이라도 협조하였다는 심증과 혐의로
묻지도 따지지도 않고 진압군은 죽였다
이유 불문 장소 불문 숫자 불문

옷을 다 벗겨 음부에 총을 쏘아 사살한 여자들
돌로 머리를 찌어 죽인 사람
일본도로 효수한 사람
차에 양다리를 묶어 찢어 죽인 여학생
임신부는 태아가 배 속에서 나와 같이 죽고
불난 집을 바라보고 있던
배포 큰놈이라고 사살된 12살 소년
맞아 죽은 세 살배기 아기
생매장으로 죽은 사람

출근하다 구타당하는 주민을 바라보다
너도 반군 동조자로 불리며 죽은 공무원
시체들은 알아볼 수 없게 소각하고
구덩이에 묻어버리고
한청단원에 의해 돌로 머리가 부서져 죽은 사람
계곡, 논, 벌판에 운동장에 널브러진 시체들

순천은 어디 한 곳 이야기할 수 없는

학살의 땅
연행 구타는 물론 그 자리에서 사살
학교 교정, 경찰서, 군부대, 마을회관, 야산, 골짜기, 개울, 강, 논, 밭과 그들이 살던 집
비위에 맞지 않으면 공산당이 되고
반군이 되어 불귀의 몸이 된 사람
한 동네 있던 사람 모두가 학살된 사람
억울한 죽임을 당한 사람
순천 땅 모두 순박하게 살던 사람의 무덤이 되었다

밥해준 사람 자수하면 살려 준다고
어떤 어머니의 귀에 대고 한 말 믿은 어머니가 자수시켜 온 아들
어머니가 뒤돌아서 몇 발자국 떼기도 전에 죽이고
아침에 보니 논바닥에 아들은 죽어 있었다.

어떤 아들은 아버지가 고춧가루 물을 코에 붓고 고문당하는 것을 보았다
며칠 후 아버지는 냇가에 서 있었다
경찰이 총으로 쏴 죽이는 걸 보았다
어떤 이는 대창으로 척살하여 죽였다

입산자 가족의 집은 불 지르고 대살과 구타했다

주민을 연행 살해하고
이를 항의하는 민간인들도 그 자리에서 죽였다

집단 사살 후 시신 가옥 등 모두 불 지르고

억울하게 죽은 사람이 많았다
대부분 마을의 장정
반군들은 이미 산 사람이 되었거나
현장에는 없었고
죽은 사람은 반군 협조자
잠재적 적대세력으로 지목되어
즉결 집단총살 되었다

시신을 수습하러 갔더니
'총이 가슴과 등을 관통했어요
남편의 손은 아직 따듯했어요'

순천은 그해 사람의 땅이 아니었다

송광사, 선운사 불경 소리
조계산은 말이 없고
지나는 바람이 숨 쉬지 못한 그때 그 사람들
순천만 갈대만이 서걱이며 흔들리고
밝히지 못한 주검들의 숨소리만
썰물 밀물로 드나들고

거제도 야산대 토벌 학살

- 1949년 5월 30일 이후 거제도 계엄선포, 좌익 척결한다는 이유로 민간인 학살

큰 섬 거제도
산과 바다가 어우러지고
풍수 좋고 인심 좋은 섬

해방 후
독립운동을 했던 사람들이
거제는 건국준비위원회 구성
치안대도 만들어
주민자치를 잘 운영하고 있었다
미군정에 의해
불법단체가 되고
그래
거제도는
인민위원회를 해체한
미군정을 반대하고
일본의 잔재들이 득세하는 것을 싫어하는
주민들의 세력은 커 갔다

그 섬에 한국전쟁 전
미군정을 그대로 답습한
이승만, 한민당 정부가 들어서고

대한청년단 거제지부를 결성
좌우충돌 갈등은 심화되었다

정부는 남로당 검거 열풍을
인민위원회, 남로당, 공산주의자는
갈 곳이 없어 산으로 가
야산대가 된 사람들을
잡으러
토벌대가 왔다
토벌대 이름은 호림부대, 16연대
장승포경찰서
온 섬을 휘둘렀다

야산대는 무장도 하지 않았고
산(山) 사람이 되었다
자수하여 보도연맹에도 가입하였고
그렇지 않은
야산대에 간 사람은 이미 섬을 떠났거나
어떻게 되었는가를 알 수 없었다

야산대를 잡으러 가
야산대를 잡을 수 없었다

야산대 토벌에 갔다 실패
새벽에 내려 온 토벌대에게
너무 일러 밥을 못 해준다 했다
"밥 안 해주는 거 보니 빨갱이네" 심보로

며칠 후 와 어막장에 가두고
남자만 물에 쳐넣고 나오면 총을 쏘았다
방공호에 가두고 굶기고 구타하고 고춧가루 물 붓고
흙을 먹고, 오줌 먹고, 처녀의 젖도 먹고

시간이 갈수록 야산대는 없고
주민의 학살과 고통은 더 해갔다
'다 죽인다. 이 마을은 빨갱이 마을이다.'

야만의 시간은 3개월간 지속되었다

일운면
하청면
구조라리
지세포리
거제면
시현읍
연초면
장승포읍
모두가 지옥이었다

저 검푸른 바다가 보이는 것은
검붉은 피가 보색으로 발하는 바다
말하고 싶은 말들을 보색으로 담고 있기 때문이다
검게 푸른 물은 수많은 피를 담고 흐르고
마음 깊은 사람들 목숨을 담고
한때를 깊이 생각하는 마음이

핏줄기 같은 선연한 생각 때문이다
제 명에 가지 못한 목숨이 부지불식 오르기 때문이다
검푸른 물은
말하지 못하는 물은

동명이인 옥치구 씨의 죽음
- 1949년 5월 28일 오인 학살

거제도 연초면
16연대 일부 병력이 토벌대로
좌익혐의자를 구금
수시로 구타하는 고문
토벌군은 송정리 송정고개로
트럭에 싣고 가
며칠 후 모두 죽였다
옥치량
항일운동 집안 옥상연 일가
해방되어 면서기로 좌익활동을 한 인물
행방불명되자
경찰이 추적
산으로 피하던 그의 아내가
총을 뒤에서 맞고 죽었다
이승만 정부가 들어서고
독립운동가이던
남북통일론자이던
좌익이면 모두 적
좌익토벌대가
거제에 들어오고
토벌대는

"무조건 이 동네는 빨갱이 동네다"
연초면 하천변
주민들이 보는 가운데
옥치구는 총을 맞고
며칠 뒤 죽었다
토벌대가 주운 허리띠에 옥치구 이름
다른 동네의 동명이인 이었다

산청 시천, 삼장 학살
- 1949년 7월 18일 토벌군이 전멸, 이를 핑계로 민간인 학살

1949년 7월 18일 빨치산 토벌군은
빨치산의 공격으로
5사단 3연대 2대대 1개 소대의 병력이
전멸되었다

토벌군은 일대의 민간인이
반란군과 내통했다고
살인마가 되었다
총알도 아까워 척살로
사람을 죽인
6개월간
시천면, 삼장면은 지옥이었다

빨치산과 협력했다는 혐의
좌익활동을 했다는 혐의
젊어서
구타와 고문
"내가 빨치산이다."
자백을 받아 총격 사망하게 하고
산에 나무하고 내려오다 잡혀 죽고
아들이 사살당한 것을 항의하다 죽고

농사일하다 잡혀 죽고
초등학교에 모이라 해서 죽이고
집에서 못 나오게 하고, 불 질러 죽이고

이들은 비무장 민간인
농사꾼일 뿐이었다
이들은 묶어서 끌고 갔다
그리고 주검이 되었다

남명 조식의 묘지 근처
덕산초등학교 뒷산 꾀꼬리봉
백곡초등학교, 농회창고
주변의 둔덕은 모두 즉결 처형자의 무덤

아직 전쟁 전
그때부터 이미 전쟁에 노출되어
제 목숨이 아니었다
토벌 작전 나간 산간오지*의 사람들
낮에는 토벌군, 밤에는 반란군
양쪽의 수탈 대상이었고
고문의 대상이었고
학살의 대상이었다

빨치산에 매복 공격당한 것에 대한
분풀이였다

*두메산골

소년 문홍주와 낙안면 신전마을
- 1949년 8월 17일. 손삼손씨의 증언

살라고 치료해 줬지
죽을라고 치료해 줬겄소
걔를 치료 안 하믄 죽인다고 말이시
살라믄 할 수 없이 그런 것인디
죄가 있으면 피해 불지
산 사람 땜시
무서워 치료해 준 것인디

시아버지를 또랑에 넘어뜨려
총으로 잘그잘근 밟고
마구 사정없이 때리고
끌어내면 살아
기가 막혀 죽일 데가 어디에 있을 것이여
빨갱이 짓 불으라고 또랑으로 또 밀어 넣고
끌어내고
차마 눈 뜨고 볼 수 없었어요

빨치산 소년 문홍주를 치료해 주고
문홍주에게 발로 채이며
밥을 주고, 감을 주고, 누구는 뭐 해주고
마을주민의 얼굴에 등(燈)을 비추면서

문홍주 데리고 개머리판으로 때려가며
골라낸 사람들
길 한쪽에 모이자 먼동이 텄다
군인들은 길가로 모인 사람들을 데리고 들어가
조금 지나 콩 볶는 총소리가 나고
집이 활활 불타고 있었다

세 살 먹은 동생은 창자가 터져 나온 채 죽었고
불에 탄 부모님의 시신은 알아볼 수 없었다
개는 시신을 뜯어먹고
시신 타는 냄새는 코를 찌르고 하늘을 덮었다
살아 있는 사람들은 넋을 잃었다

경찰들도 산 사람과 안 죽을라고
안 싸우고 다녔어요
산 사람 무서워
경찰이 그런데 우리는 어쨌겠소
말 한마디라도 거역하면 죽음을 당할 것인디

손삼손씨의 증언
근데 자식 같은 애를 부모 심정에 어찌 나 몰라라 할 것인가

*산(山) 사람 : 반군이었다. 진압군에 쫓겨 산으로 간 사람

함평 양림 학살

- 1949년 9월 21일 함평 양림마을 불갑산 부근 빨치산 소탕 작전에 실패 돌아가던 중 함평경찰서 유격대의 학살. 22일까지 이어졌다.

첫 시작은
대나무밭 부근이었다
공비로 오인 장락규는 그 자리에서
사살되었다
그리고 주민, 네 명도 사살되었다
이들은 동네에 살던 평범한 주민

사살한 사람은
경찰유격대원

불갑산 등 인근지역을 수색한 후
이들은 복귀 중이었다

장락규는 피를 뿜으며 죽고
선암정으로 안내하던 유격대원이 부상을 입었다
그러자
마을주민을
선암정으로 나오라고 해
신기, 동하, 양림 구장을 살해하고
마을주민도 살해 하였다

그 후
부상당 한 유격대원은 죽었다
그러자
마을에 불 지르고
연행한 사람을 저수지 둑에서
사살

"장화식"을 호명하자
"여보시오. 내 아들이 무슨 죄가 있오. 죽이려거든 나를 죽이시오."
"그래 죽고 싶으면 죽여주지"
그 자리에서 어머니를 총살

선암정에서
저수지 비석거리에서
사람은 죽어갔다

전쟁 전이었다

문경 석달마을 선암리, 석봉리 학살

- 1949년 12월 24일 석달마을주민 무장군인에 의한 무차별 학살

석달마을 동네를 불 질러 소개하고
활활 타오르는 집을 배경으로
국군 2사단 25연대 3대대 7중대 2, 3소대
들판에 선 사람들에게 일제 사격
사람들은 풀잎처럼, 풀잎처럼
밟히면 눕는 풀잎처럼
쓰러졌다
'살아 있는 자는 일어서라!'
'일어서면 살려준다.'
다시 들풀처럼
일어선 사람에게 다시 사격하였다
모두 부는 총탄 앞에 바람처럼
모두 죽었다

꽃잎은 떨어지며 소리를 내지 않는다
빨갱이로 몰리며
공비소탕대상으로
죽어간 사람들

여인들
여인들의 아기들

여인들의 남편
아버지
어머니
모두 이름하여 붙일 수 없는
아름다운 꽃들은 그렇게
붉은 꽃 피를 흘리며
붉은 불이 타오르는 마을에서
기억에서 사라지고 있었다.

영덕군 지품면 학살

- 1949년 12월부터 영덕군 지품면 태백산맥 있는 마을 군인들이 산사람과 접촉 할 수 있다는 이유로 학살

우리 땅에는 골, 계곡에는 원혼이 산다
파란 인등을 켜고
밤이면 지나가는 이의 발길이 되고
간담이 서늘해지는 헛웃음
도깨비 이야기가 된다
억울하든 억울하지 않던
죽어 우스개가 되어도 좋아
전쟁이 일어나기도 전
영덕 지품의 산골짜기
태백산맥 줄기
원전리 각별계곡
지품에 살던 사람
빨치산도 아니었고
공산당도 아니었다
순박한 농사꾼
밥을 차리라면 밥을 차렸고
쌀을 내놓으라면 쌀을
소를 끌고 가면 소를
멍하니 바라볼 뿐
산속에 사는 무지렁이
산패가 내놓으라면 내주고
토벌대가 올라오면

취조, 고문, 살해
빨치산 산패의 협력자가 되었다
자글자글하게 금간
청자의 상처처럼
산맥, 강줄기 모두 금 간 조국
푸른 강산 푸른 하늘이 맥이 닿는 곳
골골이 상처투성이의 조국
사람의 모습 같은 산맥 따라
폭도 아닌 폭도
가만히 있는 것도 힘들어
부처가 된 사람들
청자처럼 자글자글 금이 가
뼈다귀도 푸르게 탈색된 사람
산맥처럼 숨죽이고
가슴에 품은 사랑을 지품면 곡계골에
메아리치는 영혼들

*국군 25연대 1대대 중대 소속군인 들이 학살 원전리 각별계곡에서 대구 10월항쟁 후 경산, 칠곡, 영천, 영덕, 울진, 봉화, 청송 산간 마을은 낮은 대한민국, 밤이면 인민공화국이었다. 여기를 49년 12월부터 50년 1월까지 위 부대가 토벌

경주 내남면 민보단장 이협우

- 1949년 7월부터 다음 해 8월까지. 경주민보단원들이 주민들을 칙취한 단장 이협우

이협우는 1950년부터 1960년까지
국회의원을 삼선이나 한 인물
이 사람의 악행을 시대는 알기나 하는지
내남면 주민들은 국회의원 하면 떠나겠지 하는
마음으로 찍었다는데
민보단장을 하면서 부를 축적하여
국회의원도 되고
착취와 수탈을 통하여
그 자리까지 올라갔는데

1949년 7월 31일
김정도와 김호 영장리 장에 나가
우시장에서 소를 팔았다
집안 재산 1호를 팔아 큰일을 치러야 하는
목돈이 필요했다
마침 그날 솟값이 좋아
많은 돈을 받아 기분이 좋았다
'어이 거기 두 사람 이리 와 봐.'
민보단이 걸음을 세워 내남 지서로
내남 지서에 있는 민보단 사무실로 끌고 갔다
'빨갱이 자식들 너네 패거리 있는 곳을 대'라고

구타, 고문으로 인사불성이 된 형제를
내남면 틈수골로 가 죽여버렸다
이협우는 소를 팔아 큰돈이 있어 이를 빼앗을 목적이었다
식구들 또한 어머니, 처 등이 찾아가 큰소리로
'내 아들 내놔' 하는
모두 틈수골 계곡에서 불귀의 객이 되었다
다음 날 나머지도 가족도 탄로 나는 것이 두려워
모두 죽이고 말았다
10세 2세 도 있었다
산 사람은 김하원이 하나뿐이었다

1949년 8월 1일
손씨 집안 사람 8명도 불귀의 객이 되었다
1947년 이사 온 박세현이
손씨가 수확한 벼 다섯 가마니를 절도한 사건이 발생
이장과 주민이 박세현에게
'마을을 떠나라'
하지만 응하지 않았다
그러던 중 막내동생 박도환이
민보단에 가입
해코지를 한 것이다
김씨, 손씨 집안 30명을 학살 한 것이다.

1950년 1월 3일
청년들 일행은 내남면 민보단원
주성조의 집으로 갔다

'계시오' 주성조가 방문을 열었다
'이 집 딸을 제게 주시오'
제일 젊은 단원이 거두절미하고 말하였다
'딸을 내게 주면 호강시켜 줄 것이오'
주성조는
내남면 박씨와 언약이 있어 할 수 없다는 말에
쉽게 결혼할 줄 알았다
꿈은 깨지고 돌아갔다

다음날 새벽 싸릿문을 부수고
주씨의 가족 모두를 헛간에 몰아넣고
헛간 주변의 짚 더미에 불을 붙이고
몰살했다
주성조의 딸은 임신부였고
그의 집에는 6세 2세의 아이도 있었다
빨치산과 내통했다는 이유로 죽었다
민보단원이 결혼 청한 것을 거절하자
앙갚음 한 것이다
주씨 집의 목재는 민보단 부단장 이한우의 집 짓는데
가재도구와 살림살이는 감쪽같이 없어졌다

1950년 7월 22일
최현호 집안의 과부를 뺏기 위해
최씨 일가 22명을 학살
1950년 8월 11일
권경술 집안 45명은
민보단에 비협조적이라는 이유로 학살

재산갈취, 여성 뺏기
학살이었다

유칠문의 가족은 이협우에게
형 둘이 죽고
밤에 유씨의 집을 불태워
일가족 모두 잃었다
재산도 모두 민보단에 빼앗겼다
이에 해병대 동료들이
경주지법에서 시위하였는데
장교들 모두 강제 예편되었다

이협우는 무소불위의 왕국을 경주에 세웠고
방화, 살인, 재산강탈 등 혐의로
4·19혁명 정부는
구속 사형선고를 하였으나
5·16군사 쿠데타로 정권을 잡은 박정희 정권은
무죄를 선고하였다

아직도 무고하게 죽어 구천을 떠돌고
원한은 잊히지 못하고 있는
영혼들이여 안식을 찾으소서

3부
한국전쟁 초기 보도연맹 및
형무소재소자의 학살

보도연맹

1949년 6월 5일 보도연맹은
중앙본부 결성식을 하며 탄생하였다

이승만 정권의 절대 타자로서
공산주의자 빨갱이
비국민

도민증이 발급되지 않고
보도연맹원증을 발급
경찰의 허가를 받고 이사를 하는
거주 이전의 자유를 갖지 못했다

남로당 가입자에서
가입 인원 할당으로 인한 좌익활동자에서
좌익활동과 관계없이
또는 사적 감정으로
가입시켰다

실제로는 남로당원도
좌익분자라기보다
1947년 당원 배가 운동 아래
할당된 심사 없이 가입한 사람들이 대부분

남로당이 무언지 모르는 사람들

보도연맹의 탄생과 방침은
일제강점기의 사상전향단체
사상보국연맹
대화숙
조선방공협회
교외교호보도연맹 의 모습
친일 경찰 간부와 친일 검사 모방 만들어졌다

국민보도연맹강령
1. 대한민국 절대 지지 2. 북괴정권 절대 반대 3. 공산주의 배격 분쇄 4. 남북로당 폭로 분쇄

보도연맹 총재 내무장관 김효석
보도연맹 부총재 법무차관 백한성 내무차관 장경근
이사장 서울시경국장 김태선
명예이사장 치안국장
고문 국회의장 신익희 대법원장 김병로

실질적기획자이며 운영자 오제도
1950년 6월 13일 보도연맹에 보급되면서
2,000만 원어치를 임의로 매각 착복한
횡령자로 범법자
1952년 1월 초부터 은신 7월 12일 파면
1957년 7월 이승만이 서울정보부장으로 부른

이후 반공의 대명사로 불린 인물

보도연맹의 몸체는 관변단체
실체는 요시찰 인물들 집합소
언제든 국가의 관리대상으로
신분을 보장받지 못하고
죽어야 할 대상으로
A, B, C / 갑, 을, 병 분류
폭력과 고문 뒤에 죽어갔다

> 단 훈
>
> 1. 북소리 나는 곳으로 빨리 모입시다
> 1. 단 규약을 엄수합시다
> 1. 심신을 건전하게 하야 사회에 봉사합시다
> 1. 서로 사랑하며 일합시다
> 1. 항상 언행을 삼갈지어다
> 1. 구습을 교정하여 갑시다
> 1. 보도원과 단장의 지휘에 복종합시다

시작은 성대했으나 끝은
1950년 6월 25일 전국 요시찰인 단속 및 전국형무소 경비의 건
1950년 6월 29일 불순분자 구속의 건
1950년 6월 30일 불순분자 구속 처리의 건
1950년 7월 11일 불순분자 검거의 건
모두 예비검속에 불려가
20만~30만 무참히 죽었다는 보도연맹원 학살
명령은 최고위층 이승만정부

방방곡곡
골골이
죽음의 소리
젊은 주검의 눈물 젖은
"내 손가락이 원수다."

*부산시 구평동에서 학살된 어느 청년의 소리

김해 보도연맹원 학살

- 1950년 6월 28일 한국전쟁이 시작되자 국민보도연맹원 즉살

김해
임시수도인 부산과 경계를 하던 지역으로
갈대밭이 무성한 낙동강 하구 을숙도를 끼고
북한군에게 점령당하지 않았던 후방

어떻게 잊을 수 있을까
자신이 뛰어놀던
나밭고개, 상동고개, 가자골, 냉정고개, 숯굴, 주동광산
진영뒷산, 덕산고개, 낙동강가
죽음의 현장이 된
김해의 지명들

부역자란 과거의 부역자란
미 점령지역에서의 부역자란
남로당, 민청, 농민조합, 여성동맹, 인민당, 한청
인민위원회, 족청, 소방대, 예맹, 학동, 민학련 등
명부에 기재된 모든 단체에서 교화하기 위하여
만든 것이 보도연맹 삶에서 죽음으로
명을 재촉한 것인가
이중 한청은 우익의 본산 대한청년단

백지 한 장
이름 쓰고 도장 찍은 남로당 가입원서
보도연맹에 일괄가입 되었다

가입 후 정기적으로 소집
점호 훈련
가입비를 받았다

그리고
1950년 6월 29일
불순분자구속처리의건에서
보도연맹 및 기타 불순분자를 구속,
본관의 지시가 있을 때까지 석방을 금한다
1950년 7월 11일
불순분자 검거의 건으로
예비검속 하였다
보도연맹원들은 단순 점호, 훈련으로 알았다

CIC 등의 군부대가 점령한 김해는
군이 CIC가 주도하여 예비검속
전쟁의 여파가 없던 지역에서의
학살극의 시작이었다
적이 될지도 모른다는 예비검속
검속되지 않은 사람들은 검거대상
계속 검거되어
살해의 현장으로 갔다
살해 현장에서 차에 실려 돌아온 사람은

관련 인물들을 자백하게 했다

군용트럭은 나갈 때는 사람이 타고
올 때는 빈 트럭

비 점령지역 김해
무고한 사람들을 조직적으로 죽인
사람들의 원혼은 누가 풀어주는가
바람 불고 비 오면 일어서는 풀이
말해주려는가

김해서장 자수주간을 선전 읍면순회
좌익단체에서 탈퇴
보도연맹 가입
성명서작성 충성 맹서 후
죽음의 골짜기로 갔다
모두 죽었다

4.19 이 후 합동묘를 썼으나
5.16 군사 쿠데타 이후
모두 훼손되고
그들이 죽어간 곳 나밭고개에
다시 뿌려지는 부관참시를 당하고
묘비는 진영읍 철로 변에 버려진 역사
김해 보도연맹 학살

청주 오창 창고 보도연맹 학살

- 1950년 6월 30일~7월 초, 청주오창창고 경찰수감, 군부대 학살, 미 공군 참살

사람이 아니었다.
전쟁이 나자
[비상사태 하의 범죄 처벌에 관한 특별조치령]을
대통령은 발령하였다
진천에서는
보도연맹원을
방공호를 판다고 불러
진천군 사석 지서에 모았다
경찰은
이 중 주요 인물
십여 명은 할미성에서 총살 사살하였다
100여 명을
오창 양곡창고로 트럭에 싣고 갔다
처치할 물건에 불과했다

오창에서도 수백 명을
보도연맹 가입자를 불러
오창 양곡 창고에 구금하였다
수도사단 헌병대는 이 중 일부
중요 인물 및 도주자를 잡아
창고 내외에서 사살
폭행 치사하였다

창고에서 탈출하려 하면
"저놈 때문에 모두 죽는다." 소리에
탈출하지 못했다
비무장
무저항
순박한 백성이었다

수백 명을 그대로 둔 채
오창 양곡창고 문을 잠그고
경찰, 수도사단은 떠났다

얼마나 지났을까
셀 수 없는 시간이 지나가고 있음이다
살아도 산 것이 아닌 시간들
밖의 소식은 알 수 없고
국방군인지 인민군이 도착했는지

진천에서 온 사람들은 사흘을 아무것도 먹지 못했다
자신의 오줌을 받아 목을 축이고
배고프고 어두운 창고에서 시간이란 것이
죽음에 이르는 길이었다
가물가물한 기억이 자신을 찾고
인근 오창에서 온 이들은 집에서 밥을 가져다주어 먹을 수 있었다

그러나

무엇하랴 이미 죽은 목숨으로 구금되어있는 것을

11일 자정이 지나
6사단 19연대 헌병대
"인민군 만세" 소리를 듣고
창고 문을 열고 총살은 시작되었다
패잔병으로 후퇴에 후퇴를 거듭하던
국군은
이들을 적으로 간주하고
기관총, 소총, 수류탄으로 살상하였다
"산 사람은 일어서라
'대한민국 만세!' 하면 살려준다."
산 사람은 일어서며
"대한민국 만세!"를 외치자
따르르 따르르 기관총 소리
모두 죽었나! 착검하고 시체 더미를 쑤시고 확인
확인되면 모두 죽였다

아침이 되었다
도륙이 된 창고에
공습이 이어졌다
창고에 살아있던 사람마저
지나갔던
죽음의 소용돌이가 또 왔다
네이팜탄, 기총소사가 요란하게 몰려다녔다
사람 사는 세상이 아니었다
지붕이 날아가고

벽채가 불에 타고
살점은 누구의 것인지
여기저기 걸쳐 있었다
팔이 없어지고
다리가 없어지고

사람이 사람이 아니었다
변기통 몇 개로 무더위와 용변 해결하며
냄새나는 창고를 지킨 것은 차라리 천국이었다
발목까지 차이는 피를 밟고 선 오창양곡창고
학살의
한 시대가
도랑을 타고
시내를 타고
강을 타고
바다로
붉은 노을로
타오르고 있었다

*할미성 : 충북 진천군 성석리 소재

청주교도소 수감자 학살

- 1950년 6월 30~7월 중순, 국민보도연맹 소집 청주교도소 수감자 등 청주 인근 학살

부슬부슬 비가 내리는 6월
보도연맹원은 소집되었다
강내면, 강외면, 강서면, 부강면, 문의면, 낭성면, 사주면, 미원면, 현도면, 청주시내
국민보도연맹원들은 평소처럼 모였다
제식훈련하고
방공호도 파고
영화 보고, 강연 듣고
모인 사람끼리 이야기도 하고
죽는다는 생각은 하지도 않고
모였다

청주경찰서
각 면사무소 지서
창고에 구금
청주교도소는 이미 인근에서 정치범을 구속하고
강서면 지서장, 강외면 지서장
구금창고 문을 열고 풀어주어 살았지만
일부 순수한 사람들은 집으로 가지 않고
청주로 가라는 줄 알고 청주로 가다
다른 경찰에 다시 잡힌 사람은 죽었다

쌍수리 야산
분터골 능선
탑연리 야산
덕유리 뽕밭
머구미 고개
추정 고개
사천리
수리너머 고개
보은까지 가서 아곡리 아치실
구방리 계곡
도장골
자신들이 간 곳은 무덤이 되었다
군과 경찰이 모두 총살 하였다

통신선으로 결박하고
광목으로 결박하여
용수를 쓰고
걸어서, 트럭을 타고
자신들이 파놓은 구덩이
자연이 만든 계곡에
붉은 피를 토해 놓고
주검으로 남았다

인민군의 남하 속에
국방군은 패전하여 퇴각하고 있는 길이었다
보도연맹원에게는 '피난을 가야한다고'

모아서 모두 죽이고
청주교도소 수형자는 그냥
적이 될 수 있다는 이유로 죽였다
아무런 심판도 물음도 없이 죽이고 그냥 떠났다

보도연맹 가입은
남로당원, 인민위원회 활동한 사람도 있었지만
좌익활동과 관계없이
배급을 준다, 가입해야 불이익 없다, 다른 단체인 줄 알고 가입, 지역 할당에 강제로, 농사에 어려움이 처할 것 같아
가입
좌익도 아니고 잘못한 적이 없는 사람들이 많았다

청주는 모아 놓은 사람들을 며칠 사이 모두 처형하고
청주경찰서 경찰, 헌병대, 청주CIC는
대통령이 먼저 간 길을 따라 퇴각하였다

피지도 못한 꽃들은 그렇게 졌다
한꺼번에 지는 벚꽃처럼
하얗게 날리며
붉은 선홍색 피를 온 대지에 뿌리고
목숨은 스며들었다
다른 가족을 남기고
수습되지 않은 시신은
가슴으로 남았다

미군 라이카 카메라

- 미군 카메라의 진실 학살자는 누구인가?

　군의 명령 제소자 중 우두머리들은 사살하라
　다 비워진 형무소에는 타 지역에서 온 사람들로 채워졌다.
　미군의 사진으로 남은 대전에서 옥천 넘는 길
　골령골 세상에서 왜 제일 긴 무덤일까?
　아니면 도륙을 묻은 현장일까?
　전쟁의 희생자일까?
　아니면 공산당은 피의 색깔이 다를까?
　우리를 보고 있는 젊은 사람
　죽기 전의 모습이 선명한
　미군의 사진
　우리는 지금에 와서 본다
　영혼이 이미 떠나간 사진
　미군의 기록사진으로 남은
　숨 쉬고 있을 때
　아직 육신은 숨 쉬고 있을 때
　CIC는 경찰은 헌병은 그리고 …
　우리의 아버지 또 아버지, 아버지
　어머니 또 어머니, 어머니
　핏물이 떠 오르고
　이름도 나이도 물어보지 못하고
　수천, 수만, 수십만 수천만 수억 …

죽어간
현장에서 죽어간 기록을 남긴
미군 극동사령부 에버트소령 연락장교
라이카 카메라에 남아 소환된
사진
왜?
미군은 사진을 남겼을까?
일본을 외세로 끌어들인 고종
동학년 그렇게 죽인 우리나라 사람들의 영혼들이
아직 핏기도 가시지 않은 대지에서
바라보고 있는 또 다른 외세
동족이 동족을 죽이는 것을 기록하는
파란 눈의 사람이 후미진 골짜기에서
1950년 그날을 …

울진 보도연맹원 학살

- 1950년 7월 5일 국민보도연맹원 예비검속 학살

다른 지역과 마찬가지로 울진군도
예비검속을 통하여 좌익 세력을 잡아들였고
좌익활동을 했다는 이유로 보도연맹원을
한국전쟁 직후
인민군에게 동조 후방을 교란 할 수 있다는 이유로
잡아들여 집단 학살하였다
제3사단 23연대 군인
묵호 육전대 소속 해병대 등이었다

매화 지서에서 소환 마을주민들을
야산 밀밭에서 학살
경찰의 제지로 현장에 가지 못하였다
오산지서로 간 사람들은
후포 박골에서 학살
황명칠 독립운동가 등 기성 지서에서 소환
후포 박골에서 총살
보도연맹원을 연행 소집
죽변 후릿개에서 학살
매화 지서에 있던 연맹원들
매화 전시골에서 총살
평해 국민학교 교사 등
돌을 매달아 산채로
거일2리 앞바다에 배에 태워 수장

다 고향이 무덤이 된 사람들
전쟁이 나도
어디 갈 곳 없는
무지렁이들
꼼짝 못 하고
고향의 경찰이 시키는 대로
오라면 가고
가라면 오고 했던
지서 경찰서 학교 운동장 창고에 모여
모두가 낯익은 길
후미진 골짜기
어릴 적 놀던 산 모래사장 언덕에서
매칼 없이 죽어 시신이 된
이름 없는 사람이 되어버린
울진군 보도연맹원 좌익으로 찍힌 사람들
원혼은 아직도 구천을 헤매고 있다

마산 괭이 바다 학살

- 1950년 7월 5일 형무소 수감자 및 국민보도연맹원 바다에 수장

파도가 밀려오면
소리도 몰려오는 바다
마산 진해로 이어지는 검푸른 바다
사람의 울음이 몰려와
고양이 울음처럼 들리는 바다
전차 상륙함이 아가리를 딱 벌리고 선
바닷가
헌병들이 배의 아가리로 줄 맞추어 있는 가운데를
용수를 쓰고
밧줄에 묶여
앞 사람의 허리를 붙잡고
지네 같이 서서히
그러나 빠르게
괭이 바다 앞 썰물로 빠진 바닥을
배의 아가리로
트럭에 실려 온
마산, 창원
마산에 일찍이 구속된 형무소 사람들
예비검속된 보도연맹 사람들
전차(戰車)가 내리는 길을 따라
배 속으로 들어갔다

괭이 바다
괭이 소리로 파도와
밀물이 몰려와
전차 상륙함을
물이 들어 올리자
배는 육중한 배는
부우웅~~
배는 출발해 거친 바다의 가운데서
밧줄에 묶인 사람들을 줄줄이
바다에 던져지고
발길질로 물 위로 오르면
드르륵 드르륵
탕 탕 탕
수장으로도 부족해
총으로 물을 향해 쏘았다
비무장에 바닷속에서
무참히 죽었다

괭이 바다의
고양이 울음소리는
죽은 영혼의 소리
아무리 들어주어도
수장한 영혼들이 끝없이
썰물에 쓸려나갔다
밀물에 밀려오는
울음소리
억울한 노랫소리

트럭에 실려 와
군함을 타고
흩뿌려지는
국화꽃처럼
둥둥 떠나가는 사람들

예비검속자
교도소 수형자
해방 후 인민위원회, 남로당 사람들
학생, 선생, 농민
모두 비무장 싸울 수도 없는 사람들
마산 땅에는 적군도
적의 공격도
없었다
무참히 죽어
물길에 밀려 일본 땅까지 간 주검들

괭이 바다 파도 소리는
그날 죽은 사람들의 신음 소리
괭이 바다 파도 소리는
그날 살려고 내밀던 '어푸' 소리
괭이 바다 파도 소리는
그 후로 산 사람들의 애달픈 소리

괭이 바다 파도 소리는
고양이 소리로 오고

아직도 살아 오르는 사람들의
아우성
괭이 바다 고양이 소리는
그날 그 자리 그 사람들
무자맥질 소리
살려고 울부짖는 소리

7월의 처형 군위군 우보면 골짜기 보도연맹원 학살

- 1950년 7월 초 국민보도연맹원 소집 학살

계곡에 구덩이는 없었다
대한민국 만세
인민공화국 만세
살려달라는 소리, 울음소리
처형자들은 무참히 죽어야 했다
매장은 주위의 나뭇가지 나뭇잎
그냥 덮었다

왜 보도연맹에 가입했는지
왜 연행되었는지
의문 부호만 남고
모두 사라진
전황과 그날의 우보면과 소보면 골짜기만 남아
전황의 끝 증오와 울음을 남기고
트럭에 실려
트럭에 내려
구덩이 아닌 계곡에
널브러진 시체였다
통곡도 외침도 끝이었다

명령도

재판도
변호도
심문도
모른 채
처형

불귀의 객이 되었다

영덕군 보도연맹원 학살

- 1950년 7월 8일 국민보도연맹원 소집 학살

보도연맹원과 예비검속자들은
제3사단 23연대
영덕경찰서 경찰 등이
울진군 기성면 어티재
강구 앞바다
화수리 뫼골에서
집단총살, 수장하였다

삼화리 주민은 지품면 주민과
화개리 뫼골에서 총살
보도연맹원 둘을 하나로 연결
150구 이상 사살

강구 지서에 구금된 30여 명
삼사리 앞바다에 수장

영해 지서에
20여 명은
군용트럭에 실려
기성면 어티재에서 총살

삼사리 보도연맹원

30~40명
강구 앞 삼사리 바다 총살 수장
또한 어선이 강구 지서에서 동남방향으로
먼 바다로 나가 총소리가 났다
모두 죽어 수장 되었다

대구 보도연맹원 학살

- 1950년 7월 10일 국민보도연맹원 소집 가창골, 경산코발트 광산 등에서 학살

1946년 10월 1일 사건이 지나간 대구
철도노조원, 남로당 등을 검거하여
시간이 지난 후
보도연맹에 가입하였다

한국전쟁이 일어나자
국가는 예비검속자를 신속히 검거
김창룡의 CIC
경찰서
대구형무소
반공청년단
연행되고
소집 통보를 받고 제 발로 찾아가

달성 가창골
경산 코발트광산
지산동 계곡
수성못
칠곡 신동재
팔공산 다림골

돌아오지 않는 길로 가고 말았다

사형(私兄)
저는 갑니다
재판을 받고 적법한 절차에
죽는 것이 아니기에
억울하다는 말

가창골에 트럭에 실려 가며
덮어씌운 방수포장 밑에서
아이고, 아이고 소리

모두 동원된 주민의 손으로 판 구덩이에 처박히고
소나기처럼 쏟아지는
총알을 맞으며
사라지고

12~3세 소녀들의 삶도 사라지고

대구지역
한국전쟁으로 점령도 되지 않았고
방어선 구축이 되어
인천 상륙 후 완전 회복이 된 대구

보도연맹원이 아니라도
좌익이면
미래의 적이면
좌익이 아니라도

가창골 바닥에서
경산 코발트광산에서
수 없이 죽어간 목숨들

대구는 안다
한국전쟁 전
저항의 정신이 먼저 도착한 도시
많은 사람이 보도연맹의 두겁을 쓰고 죽어간
억울한 사람들의 한이 소용돌이치는

순천 구랑실재 보도연맹원 학살
- 1950년 7월 10일 국민보도연맹원 소집 학살

울지 않고는 넘을 수 없는 고개
경인년 7월
그해 여름
학살의 비는 내리고
구랑실재로 끌려가던 사람들
떼어지지 않는 발걸음을 옮기며
한도 같이 놓고 간
구랑실재
보릿고개도 넘기 힘든
7월 땡볕.
사상고개를 넘지 못하고
죽음으로 가는 사람들
사상범도 아니었고
빨치산도 아니었던
자유 인민으로 살고 싶은 사람들
죽음의 구렁텅이
구랑실재
삶이라는 것이
죽음의 다른 말이 아닌 줄 알았지만
죽음의 골짜기로 가고
가는 걸음걸음 한의 발자국도 남아
여수 순천 광양 맞닿은 고갯길

구랑실재
봉화산정에서
바라보는데
사람들은 처형장으로 가며 개구리처럼 울었다
한 발자국 개굴
두 발자국 개굴
세 발자국 보도연맹
구랑실재는 지금도 울고 있다
바람 불고 총탄은 소나기처럼 쏟아지고

영광 건준 치안부장 이덕우 보도연맹원의 죽음

- 1950년 7월 10일 인권변호사 이덕우 국민보도연맹원의 피살

이덕우
일제시대 항일운동
건준시대 치안부장
인권변호사
미군정 때 경찰 체포
보도연맹 가입
전쟁 발발
경찰 소집 통보
형무소 구금
불갱이고개 희생
월배라는 사람
시신 수습 중 피살

10명씩 일 열로 묶어
네모난 구덩이에서 총살
이덕우는 맨 밑에서 죽었다

당시 서울에서
인민군이 38선을 넘고
서울을 넘어

남으로 온다는 소문이
들릴 즈음이었다
그때 총소리는
매일 났다
이승만 박사가
보도연맹원을 죽인다는 소문도
그때이었고
운암산 꼭대기에서
목격한 것도 그때였다

산다는 것이 죽음의 다른 말
일제시대는 항일로 살다
해방되어
건준에서 활동하고
보도연맹원
변호사로 죽은 이덕우
지식인이고
무지렁이는 아니었던
그는
불갱이고개에서
불귀의 객이 되었다

보은군 아곡리 보도연맹원 학살

  - 1950년 7월 12일 청주보도연맹원의 학살자 중 한 사람 교사 박정순

트럭에서 머리를 처박고 있던 사람들
내려 모두 처형 되었다
묻는 것은 주민들의 몫이었다
처형당한 사람은 청주지역
보도연맹에 가입된 사람을
재판 없이
법적 절차 없이
죽었다

무덕전으로
'속리산 구경시켜 준다.' 는
등의 말로 모여든 사람 중
박정순 교사
남편은 좌익활동을 하다 행방불명
빨갱이 낙인을 지우기 위해 가입한 보도연맹 가입
보은군 내북면 아치실에서
불귀의 객이 된
청주에서 속리산 가는 길목
산자수명한 피반령 너머 마을

죽으러 가는 길
속리산 구경 가는 길 아닌

미원초등학교에서 하루 묵고
아곡리 아치실 고개에서
두 손을 묶인 채 살러 가는 길이 아님을
아이들의 아버지는 이미 없고
어머니마저 죽음의 길로 간
에미의 깊은 마음
자식들은 어이할 것인가
하늘은 늘 푸르고
산들도 늘 푸르고
우리의 삶도 푸른
얼음덩어리
하늘을 울리는 총성에
붉게 물들고
삶도 붉게 물들고
산천도 강물도
가슴 까지도
한 사람의 죽음은
만 사람의 죽음
겨레의 사살임을 알았을까

함평 보도연맹원 학살

- 1950년 7월 12일 국민보도연맹원 소집 학살

A급
B급
C급
사람으로 분류하고
A급은 목포형무소
B급은 학교면 얼음재
C급은 나산면 넙재
모두 모아서 죽였다
목포 형무소 수장
목포 형무소로 가는 길은 수형의 길로 보았다
죽음으로 이어진 길
수장으로 가는 길인 줄은 몰랐다
금강호에 오를 때
무거운 발걸음
오지 못하는 길로 가고 있음에도
어쩔 수 없었다
학교면 얼음재
가는 길
3명 또는 4명
앞서 걸어갈 때
총성은 뒤에서 울었다
구렁으로 구르고 엎어지고

모두 죽었다
나산면 넙재로 가는 길
사는 것이나 죽는 것이나
길은 같지만
뒤에서 귀밑을 지나는 총소리는 싸늘했고
넙재에서도 죽음을 면할 수 없었다
신발을 벗길 때 죽으러 가는 줄 알았고
모두가 죽음에 이르러서
죽음인 줄 알았고
경찰, 해군, CIC가 떠난 후
인민군은 함평으로 들어왔다
보도연맹원의 학살은 많은 원한을 남기고

예천군 보도연맹원 학살

- 1950년 7월 13일 국민보도연맹원 소집 학살

예천군의 경우 보도연맹원을 구속수감 하거나
보도연맹원과 좌익활동가를
전쟁이 시작되자
불순분자로 낙인하여
예천은 전쟁 당시는 후방
전쟁이 촉박하게 전선이 남하하고
군과 경이 가릴 사이 없이
소집 학살하였다

지서의 명령으로 출두
개포면 경진리 서울나들 냇가에서 학살
경찰에 연행되어
개포면 경진리 산에서 학살
지서에서 회(會)가 있다고 나가
호명면 고평진 고평나들에서 학살
개포 지서에 출두
용궁면 산택동 벼락고개 학살
경찰특공대에게 연행
개포면 동송리 강변 학살
예천경찰서 소속 경찰 연행
보문면 고평동에서 학살
특공대가 야경을 선다고 개포 지서로 간 후

용궁면 산택리 원당고개에서 학살
경찰에 의해 연행
청복리 백사장에서 학살
용궁 지서 경찰 시국강연회가 있다고 간 후
용궁면 산택동 원당못 뒷산 학살

전쟁 중 학살의 땅이었던 산천
예천도 예외는 아니었던
사람이 살던
사람이 살고
사람이 있던
그리고 주검의 땅이 된
단양이나 영주 지나 예천
하늘 한 움큼 보이는 땅
풀꽃 같은 마음들이 뭉쳐 살던 곳의 한을
영혼들은 어디에서 풀어 헤칠 것인가

경주 보도연맹원 학살

- 1950년 7월 13일 국민보도연맹원 소집 학살

예비검속이란 말 죽은 뒤에 알았네
무엇을 잘못하고 무엇을 해서
내가 여기에 왔는가
아비규환의 세상
경주는 그냥 내려가던 군인의 심심풀이 땅콩
도륙으로 남은 땅
농사를 짓던 차림 그대로
경찰로 들어가 주검이 되고
어떤 이는 연행되어 주검이 되고
어떤 이는 대화하며 들어가 주검이 되고

빨치산이 내려와 쌀과 의류를 제공하였다는 말
인민위원회에서 일 했으므로
좌익활동하는 사람이 찾아와 가입하지 않으면 죽인다고
좌익활동을 하였으므로
형무소에서 복역한 사실이 있으므로
좌익활동을 하지 않으면 죽창으로 죽인다. 하여 입산한 대가
　남로당 일로 형무소에 수감 된 사실
　아무런 일도 하지 않았는데
　좌익활동 한 사람의 장부에 이름이 적혀있어
　보도연맹원이 되었다

그리고
내남면 노곡리 개 무덤 골짜기
노곡리 미역골
천북면 신당리 골짜기
건천읍 송서리 못 안 달창안 골짜기
송선2리 우중골
울산 강동면 신명리 호미 골짜기
감포 앞바다
경주에서 건천으로 가는 효현고개
송선리 골짜기 땅고개

마을 사람들이 웅덩이를 파고
웅덩이에서 피살을 하면
웅덩이를 덮고

총을 맞지 않은 사람은
일부러 쏘지 않은 것이니
일어나라 해서
일어서면
삽으로 머리를 내려쳐 죽였다

아들의 시신을 수습하러 간 사람도 죽음으로 돌아오고

경주의 학살은 골짜기마다
바닷가에서
아직도 사람의 눈동자 감지 못하는 눈

도깨비불로 일렁이고
남도의 목소리로 운다
서라벌의 목소리로
천년을 울고
아직도 울고
골짜기마다
풀잎에 이슬로 맺히는 한으로 남았다

보성 보도연맹원 학살

- 1950년 7월 14일 국민보도연맹원 소집 학살

보도연맹원들은 A,B,C 로 분류
A 죽여야 할 사람
B 선별해서 죽여야 할 사람
C 석방할 사람

인민군 광주에 입성할 무렵
모두 처형하라 공문이 왔다
보성경찰서가 후퇴하기 전
보성군 일대에서 사살되었다

봇재골
구금된 곳
득량면 삼정발전소 고개
일명 그럭재
득량면 덕고개
미력면 도개리 복구재 고개
득량면 노덕재
웅치 지서 옆 솔밭
율어면 참새미고개
보성읍 옥암리 남산마을 뒷산
미력재
문덕면 봉갑리 원동지
복내면 유성리 인근 야산

보성읍 용문리 번열마을 뒷산
천포 출장소 옆 회천면 천포리
버드재
보성읍 원봉리 청용골짜기
대야리 곰재골짜기
보성읍 옥평리 냇가주막
원봉리 장(場)거리

사람들은 여기서다
아이고 아이고
곡이 퍼지는 땅
누구의 노래라도 들리면
아이고 아이고
경인년 그해 여름인데도 바람은 차가왔다

동족끼리 죽인 학살
다른 민족의 지배가 지나가고
우리 민족이 저항할 수 없도록 묶어
보릿고개 넘어
사상고개를 넘지 못한 보도연맹 학살
보성의 골짜기
넘지 못한 고개마다 머물러 있다
바람 불면 파르라니 찻잎처럼 우러나
푸른 피멍으로 물드는 한
득량만을 드나드는 푸른 물결처럼
윤슬을 남기고 빠져나가는
우리들의 노래들

나주 온수골 보도연맹원 학살

- 1950년 7월 15일 국민보도연맹원 소집 학살

철애마을 사람들은
모두 보도연맹원
모두 온수골에서
처치되어
시신은 수습되었다

온수골 이름도 따뜻하고
인심도 따뜻한 곳
전쟁은 저항할 수 없는
민간인을 학살하는 것인가

누구의 아버지
누구의 형
누구의 아저씨
누구의 삼촌
누구의 동생
누구의 …

삶이란 죽어간 기억을
되살리고
한으로 울고 있는
전라도 나주 땅의 온수골

국군은 퇴각하고
밀려오는 인민군을 피해 가며
학살하고 떠나간 나주 군경

예비검속된 보도연맹원은
모두 학살되어
온수골에 쓰러지고

군경은 빛의 속도보다 빠르게 빠져나가고

보도연맹원의 학살
왜? 보도연맹에 가입했나
후회해도
죽음은 따라와 가슴에 남고
오라에 묶여 저승으로 간

나주 온수골 구덩이
줄줄이 묶여가는 사람들
'내가 무슨 잘못이 있소'
'내가 죽어야 할 이유가 뭐요'
라는 절규는
총소리에 묻혔다

원한의 목소리도 온수골에 같이 묻혔다

여수 보도연맹원 학살

- 1950년 7월 15일 국민보도연맹원 소집 수장 학살

여수, 여천은 한 동네
예비검속된 보도연맹원
모두
고기 밥이 되었다

1950년 1월 28일
시민극장
보도연맹 결성식
1948 여순 관련자
부역자
오해받는 사람
모두
가입

여수경찰서
한국전쟁 후퇴 시기
구금된 모든 보도연맹원
총살 수장

여수시와 남해군 사이
무인도에서 총살
고기 밥이 되었다

무인도의 섬 이름은 애기섬
남면 안도 신갱이도
삼산면 거문리 신사 터
화양면 가막만 바다
모두 총살 후 바다에 수장하였다

여수에서는 운 좋게 산 사람도 있다
이전에 보련 사람들은 다 죽었으나
남은 14명은 여수 경찰서장이
수감자를 처치 못 하고 풀어주었다
전원 석방
나라에 충성하라
배반하면 용서하지 않겠다
그렇게 방면 되었다

진주 보도연맹원 학살

- 1950년 7월 15일 국민보도연맹원 소집 학살

국민보도연맹 진주연맹은 1949년 12월 8일
진주극장에서 이정용 진주경찰서장 참석하며 결성되었다

한국전쟁이 발발
50년 7월 15일 진주시와 진양군
보도연맹원 관내 지서로 예비검속

사봉면 마성리 정씨들
지서로 교육가
여항면 여항리 광산에서 학살
사봉면 봉곡리 사람들
면사무소에서 트럭에 실려 간 후
행방불명, 사봉면재에서 학살
명석면 골짜기에서 학살
시체가 썩고 부패해 분간 못 한 시신
진주경찰서로 출두한 사람들
어디로 갔는지 행방불명
7월 말일경 명석면 오미리 야산에서 학살
보도연맹에서 빼준다는 통지를 받고
탈퇴하기 위해 개양 지서 출두 행방불명
소곡리에서 지서소집

문산 기네골에서 학살
검암리 주민
연행 후 행방불명
순경에게 맞아 죽은 사람
지서에 자진 출두
행방불명
마산시 진전면 어양리 학살
지서에서 행불된 사람
진성 지서에 출두
문산면 골짜기 함안 비실에서 총살
마산 진전면 여양리 학살
집현면 사람들
명석면 동석리 왕지골 산에서 총살

돌아오지 못하는 길로
가버린 죽음과
행방불명 된
원혼들의 호곡 소리는
어디서 들을 것이며
구천을 헤매는 영혼들은 어디에 묻을 것인가
진주 하늘가의 옅은 구름은
원혼을 달래주는 하늘의 소리

나주 경찰의 퇴로 보도연맹원 학살

- 1950년 7월 15일~7월 하순 국민보도연맹원을 나주 경찰이 퇴각하는 곳마다 학살

나주 경찰의 퇴로는 잔인했다
인민 부대로 위장 퇴로마다 학살을 자행
해남, 완도의 퇴로에서
가는 곳마다 붉은 피 선연한 대지를 만들었고
꽃들은 저항하지 못했다
집집마다 찾아가
정조준 근접사격
인민군환영 행사로 나온 주민 몰살
좌.우로 분리 학살
도망한 사람들 체포 학살
퇴로에서 우연히 만난 주민학살
인공기를 달고 나타나 학살
주민들을 적으로 간주하고
경찰 마크를 가린 채 후퇴하며
살상을 하고 수장을 하였다
1950년 7월 하순의 일이었다

"인민군 만세" 부르라 하고
사살한 퇴각하는 경찰대
나이 불문, 성별 불문
비무장 민간인들은
여기서도 봄날 떨어지는 꽃처럼

하염없이 붉은 선혈들로 지고 있었다

해남읍에서
해남 마산면 상등리에서
마산면 화내리에서
화산면 해창리, 방축리에서
해남경찰서에서
현산면에서
북평면에서
송지면에서
완도읍 완도중학교에서
소안면 비자리에서
노화읍 이포리 배남재에서
청산면에서
소안면에서
보길도에서
고금도에서
금당도에서

주민을 적으로 간주한 학살이
남쪽의 땅끝 청산도로 후퇴하면서
사람의 피로 붉게
물들인 산 들 강 바다

나주 경찰부대는 청산도에 주둔하다
미군 인천 상륙 이후 나주로 돌아갔다

제주도 섯알오름 학살

- 1950년 7월 16일~8월 20일, 제주도 주민들 보도연맹원으로 학살

일제강점기 화약 냄새가
지워지지 않은 탄약고 굴 입구
미군의 폭격에 파인 커다란 웅덩이로
줄줄이 들어가고 있었다
식민지도 아닌 곳에서
일제강점기 때의 불량선인처럼
제 나라에서 국민이 아니었다
고개를 숙이고
하늘도 보지 못한 채
트럭에 실려 가
트럭에서 내려
한 명씩 한 명씩 굴로 끌려가
총을 맞고, 더러는 일본도에 베어
덜 죽은 사람들의 피맺힌
신음과 더불어 아우성을 들으며
구덩이에 빠진 채 같이 죽어갔다

4·3항쟁과 관련이 있다는 이유
입산하였거나 도피경력이 있다는 이유
4·3항쟁 당시 가족이 조사받았다는 이유
동료가 사상적 문제가 있다는 이유
인민위원회 참여하였다는 이유

경찰서에 미움을 샀다는 이유
마을 유지였다는 이유
이름이 비슷하다는 이유
개인감정, 중상모략

1950년 6월 25일 전쟁이 발발하자
제주 경찰은 예비검속을 즉시 실행하였다
내무부 치안국 경찰국 치안국장 명의
[전국 요시찰인 단속 및 형무소경비의 건]
제목의 무선통신으로 비상 통첩을 하여
"전국 요시찰 인을 모두 경찰에 구금 할 것"을 지시
구속하게 하였다
1950년 6월 29일 [불순분자 구속의 건]
1950년 6월 30일 [불순분자 구속처리의 건]
1950년 7월 11일 [불순분자 검거의 건]
비밀리에 예비검속을 하였다

자신이 보호할 국민을 적으로 몰아간
전쟁의 한 구석에서
수습 못 한 시신들이 아직도 아우성치고
신음을 내고
남의 땅에서 우리의 땅이 된
해방을 맞은 지 5년
붉은 동백처럼 선혈을 남기고
불순분자로 죽어갔다
사람이 아니었다

예비검속 일제강점기 시대
독립운동가 등을 불량선인이라 하여
미리 검거하는 제도였다
해방된 조국에서는 없는 제도
예비검속이란 말
창고에 있다가
일제강점기 용어에 묻혀

두 번에 걸쳐
제주 섯알오름에서
1950년 7월 16일 ~ 20일
1950년 8월 20일
학살이 있었다

뭍에서 보는
그 흔한 보도연맹원도 아니었다
그냥 제주 사람이었다

■ 해설

시로 쓰는 민족비극사에 대한 한(恨)의 서정

김윤환

■ 해설

시로 쓰는 민족비극사에 담긴
한(恨)의 서정

김윤환 시인, 문학평론가

1.

　민족의 문제가 한국 문학의 화두가 되는 것은 일제강점기의 8·15광복절, 한국전쟁 3년 전후의 역사적 사건들이 온 겨레에 큰 충격과 씻을 수 없는 상처가 지금까지 계속되고 있기 때문일 것이다.
　스페인의 시인 가르시아 로르카는 "시인은 그의 민족과 울고 웃지 않으면 안된다."고 말한 바 있다. 문학의 양상이나 형태는 다양할 수 있겠지만, 문학인도 한 인간으로서 존엄성과 한 민족의 씨알로서 가야 할 길은 동일한 가치를 지닐 수밖에 없다.
　이념 갈등으로 인한 국가폭력으로 격심하게 얼룩지고 왜곡되어온 한국 현대사의 폐해를 청산하지 못한 부작용 이상의 고통을 후대에 물려주게 될 것이라는 시인의 인식으로 기록된 서사 시집이다.
　시로 쓰는 민족 비극사에 기록된 민간인 학살사의 작품을 보면 대체로 8.15해방과 1950년 한국전쟁 전후에 일어난 학살사건이 주 소재가 되고 있다.
　해방과 한국전쟁 전후기의 이념에 내몰리고 외세의 패권전쟁에 희생당한 민중들의 굴곡진 역사를 직시하여 바로잡고 새로운 역사의 비전을 펼쳐 보이는 일, 그 중심에 민간인학살로 희생된 영령들의 이름을 호명하여 위령하는 일을 오늘의 시인이 함께하는 일은 의식있는 독자에게 아품과 각성의 공감을 전해 주고 있다.

  2.
  박원희 시인의 민족비극사 서사시집은 총 90편의 서사를 11부로 나누어 1,2권으로 묶었다.
  제1부 '해방이 아닌 해방공간'이라는 소 주제로 시작되는데 그 중에 첫 시 「아침 햇살」에서 시인은 이 시집의 의미를 이렇게 노래하고 있다.

>(....전략....)
>무참히 죽어간 땅에서
>이제는 자신의 동족을 죽고 죽이는 참상 속에
>밝은 광복, 해방이 왔건만
>갈 곳이 더 없는 땅
>산 들 강 바다로 흘러가는 물은 바람은
>세월이 지난 지금도 흐르고
>유구한 역사는 입을 다물라 하는데
>백수광부 처의 노래처럼
>죽음의 강을 건너는 사람들의 노래가 끊임없이 흐르는 땅
>새로운 바람은 불어도
>비탄에 겨운 노래일 뿐
>이러한 역사의 이야기를 조금 풀어 놓으려 한다
>(....후략....)
> ― 시「아침 햇살」부분

  '자신의 동족을 죽고 죽이는 참상 속에 광복, 해방이 왔지만 갈 곳이 더 없는 땅' 한반도에 대하여 시인은 '죽음의 강을 건너는 사람들의 노래가 끊임없이 흐르는 땅 새로운 바람은 불어도 비탄에 겨운 노래일 뿐'이지만 그 비극의 역사를 반복하지 않기 위해 한 서린 이야기를 시로 풀어내고

있다.

시집 1권 속 제1, 2부는 1945년부터 해방직 후부터 1948년 단독정부 과정에 미군정 산하에서 빚어진 비극사의 시편을 싣고 있다.

당시 가장 많이 알려진 사건이 바로 제주 4.3 학살사건일 것이다. 시인은 「4·3 새벽 2시 제주 무장봉기 주민 토벌 학살」 시에서 1948년 4월 3일부터 1954년 9월 21일까지의 제주 민중의 봉기와 그에 따른 처절한 희생자들의 피눈물을 찍어 쓴 듯 비극의 서사를 시로 풀어내고 있다.

"1948년 4월 3일 새벽 2시 / 제주도 남로당 제주도 위원회 / 350명의 무장대는 12개 경찰지서 / 서북청년단을 중심으로 한 우익단체 / 지목해 습격 / '탄압이면 항쟁이다' / '조국의 통일 독립과 완전한 민족 해방' / '남한의 단독선거 단독정부 반대' (....중략....) "로 시작하여 제주토벌대 만행을 구체적으로 표현하고 그 만행의 과정을 "이승만 대통령의 가혹하게 탄압하라는 명령 / 서북청년단를 경찰에 편입 / 중산간 마을 1948년 11월 중순부터 소개령 / 소개 후 중산간 마을은 순식간에 95%가 소실 / 남아 있던 사람은 집단으로 희생되었다 / 토벌대는 무장대의 공격을 막기 위해 / 소개한 사람들에게 돌로 성담을 쌓고 보초를 세웠다 // 서북청년단의 무고한 학살 / '우리는 산 사람이다' 외치는 사람에게 / 무장대 복장으로 위장한 경찰이 쌀을 달라하고 학살 / 젊은 여성은 강간하고 / 임신부는 옷 벗겨 죽이고 / 강간하려고 하다 거부당하면 곤봉으로 마구 때렸다 / 그리고 죽창으로 여자들을 찌르라 하고 / 주민들을 집합시켜 무조건 죽이고 (....중략....)"

— 시 「4·3 새벽 2l 제주 무장봉기 주민 토벌 학살」부분

시인은 이렇게 시로 울분을 토한다. 또한 시인은 제주 4..3학살을 시인의 노래로 이렇게 정의하고 있다. "제주도는 학살의 땅이었다 / 학살이 끝난 제주도 / 도피자의 가족들은 / 눈 덮인 한라산을 / 어린 자식 시부모의 / 손을 잡고 산을 올라 / 많은 사람 굶어 죽고 얼어 죽고 (....중략....)" 어처구니없는 죽음에 대해 "현무암의 검은 대지는 그때를 말하듯 검게 빛나고 / 검푸른 제주의 바다는 피 멍든 색으로 4·3의 소리처럼 밀려서와 파도 소리로 부서져 / 못다 한 노래를 부른다"고

이 외에도 이 시집 1부에서는 「건국준비위원회」, 「미군정」, 「이승만 정부」를 시적 소재로 이야기 함으로써 학살의 기원을 명쾌히 밝히고 있다,

이어 2부 한국전쟁 전 학살사건을 노래한 것은 「4·3 새벽 2」 제주 무장봉기 주민 토벌 학살」을 비롯 「46년 대구의 시월 항쟁」, 「여순 사건 이후 학살」과 「여순사건 연계 순천학살」을 다루고 있고 「거제도 야산대 토벌 학살」, 「함평 양림 학살」과 「문경 석달마을 학살」, 「영덕군 지품면 학살」, 「경주 내남면 민보단장 이협우」 등 전국 각 지방의 한국전쟁 초기의 학살 사건을 시로 표현하고 있다.

3.

제3부에서는 한국 전쟁 초기 보도연맹 및 형무소 재소자의 학살을 소재로 한 서린 서사를 노래하고 있다. 그중에 시인의 고향이자 삶의 품인 청주의 비극사를 시를 표현한 것이 「청주 오창 창고 보도연맹 학살」이다.

이는 1950년 6월 30일~7월 초 사이에 발생한 청주 오창의 창고에서 민간인의 수감과 학살, 그리고 미 공군의 참살 사건을 묘사하고 있다.

"사람이 아니었다./ 전쟁이 나자 / [비상사태 하의 범죄 처벌에 관한 특별조치령]을 / 대통령은 발령하였다 // (...중략....) 오창에서도 수백 명을 / 보도연맹 가입자를 불러 / 오창 양곡 창고에 구금하였다 / 수도사단 헌병대는 이 중 일부 / 중요 인물 및 도주자를 잡아 / 창고 내외에서 사살 폭행 치사하였다 // (...중략....) // 아침이 되었다 / 도륙이 된 창고에 / 공습이 이어졌다 / 창고에 살아있던 사람마저 / 지나갔던 / 죽음의 소용돌이가 또 왔다 / 네이팜탄, 기총소사가 요란하게 몰려다녔다 / 사람 사는 세상이 아니었다 / 지붕이 날아가고 / 벽채가 불에 타고 / 살점은 누구의 것인지 / 여기저기 걸쳐 있었다 / 팔이 없어지고 / 다리가 없어지고 // 사람이 사람이 아니었다 // 변기통 몇 개로 무더위와 용변 해결하며 / 냄새나는 창고를 지킨 것은 차라리 천국이었다 / 발목까지 차이는 피를 밟고 선 오창양곡창고 / 학살의 / 한 시대가 / 도랑을 타고 / 시내를 타고 / 강을 타고 / 바다로 / 붉은 노을로 / 타오르고 있었다"

— 시 「청주 오창 창고 보도연맹 학살」중 부분

실체가 불분명한 이념 때문에, 자신들의 이익을 위해 민중을 희생양으로 삼은 권력에 의해 이유도 모른 채 참혹하게 희생당한 당시의 청주 오창의 비극의 현장을 오늘에 다시 환기시키고 역사적 단죄를 요청하고 있다. 이 비극에는 외세의 개입과 이념을 무기로 권력을 유지하고자 했던 집권 세력과 그에 부화뇌동한 군과 경찰의 반민주적 비인권적 무지가 단초를 이룬 것이다.

제4부에서는 한국전쟁 초기 보도연맹에 의해 자행된 학살을 소재로 통곡의 노래를 하고 있는 것이다. 그 중에 「마산 괭이 바다 학살」의 서사시를 살펴보자.

이 시는 한국전쟁 초기인 1950년 7월 5일 마산에서 국민보도연맹원의 만행으로 형무소 수감자를 바다에 수장시키는 악마적 사건의 이야기가 그 소재다.

{....전략....}
"바닷가 / 헌병들이 배의 아가리로 줄 맞추어 있는 가운데를 / 용수를 쓰고 / 밧줄에 묶여 / 앞 사람의 허리를 붙잡고 / 지네 같이 서서히 / 그러나 빠르게 / 괭이 바다 앞 썰물로 빠진 바닥을 / 배의 아가리로 / 트럭에 실려 온 / 마산, 창원 / 마산에 일찍이 구속된 형무소 사람들 / 예비검속된 보도연맹 사람들 / 전차(戰車)가 내리는 길을 따라 / 배 속으로 들어갔다 // 괭이 바다 괭이 소리로 파도와 / 밀물이 몰려와 / 전차 상륙함을 / 물이 들어 올리자 / 배는 육중한 배는 / 부우웅~~ / 배는 출발해 거친 바다의 가운데서 / 밧줄에 묶인 사람들을 줄줄이 / 바다에 던져지고 / 발길질로 물 위로 오르면 / 드르륵 드르륵 / 탕 탕 탕 / 수장으로도 부족해 / 총으로 물을 향해 쏘았다 / 비무장에 바닷속에서 / 무참히 죽었다 // 괭이 바다의 / 고양이 울음소리는 / 죽은 영혼의 소리 / 아무리 들어주어도 / 수장한 영혼들이 끝없이 / 썰물에 쓸려나갔다 / 밀물에 밀려오는 / 울음소리 / 억울한 노랫소리 // 트럭에 실려와 / 군함을 타고 / 흩뿌려지는 / 국화꽃처럼 / 둥둥 떠나가는 사람들 / (...후략...)"
― 시「마산 괭이 바다 학살」부분

시인은 '마산 괭이 바다'의 파도 소리를 오늘에도 '고양이 소리로 오고, 살아 오르는 사람들의 아우성'으로 듣고, '괭이 바다 고양이 소리는 그날 그 자리 그 사람들의 무자맥질 소리, 살려고 울부짖는 소리'로 들려주고 있다.

시인은 그 외에도 4부에서 나주, 제주도 섯알오름, 해남 송지면. 완도군, 옥천군, 영동군 어서실, 사천, 고령군, 밀양, 통영, 비금도, 영동 학산 경산코발트광산, 울산, 영천, 양산, 도장골, 골령골 등 한국 전쟁 초기에 발생한 전국 각지의 민간인 학살 기록을 시로 노래함으로 문학이 비극의 역사에 대한 책무를 감당하고 있다.

4.
1950년 9월 17일 미군의 인천상륙작전으로 한국전쟁은 새로운 국면을 찾게 되었다. 그 해 9월 28일 서울 수복을 하자 북한의 인민군과 자생 빨치산은 각자 도주와 산속으로 숨어들었다.

국군이 다시 수복한 각 지방에서는 북한군이 점령할 당시에 불가피하게 그들에게 부역할 수 밖에 없었던 애꿎은 민간인들이 대거 학살되었다. 이에 대한 기록을 박원희 시인은 이렇게 절규하며 노래한다.

  6.25 한국전쟁 / 수복되고 북에 동조한 사람들 본인은 모두 없어졌어 / 남은 이들은 부모 아내 자식들 / 그리고 가솔로 있었던 형제 / 원 부역자가 떠난 자리는 힘없는 사람들 / 그렇게 있다 모두가 처형 되었지 / 그것도 모두 조직적으로 // 도망간 사람의 가족들 / 죽음으로 어미의 젖을 빠는 어린아이까지 / 자기와 대치된 자도 / 없으면 아내, 자식, / 아비, 어미, 형제도 없이 처형했지 / 전쟁터에서 죽은 이보다 전장 밖에서 / 죽은 이가 더 많은 / 충주 엄정 길을 가면서 다리가 떨려 갈 수 없었네 // 엄정에서는 / 좌익이 지나가면 우익 / 우익이 지나가면 좌익 / 모두가 그렇게 대신 죽은 자들이 고개를 넘지 못하고 / 영혼들이 좌우를 몰라 헤매고 / 어린아이의 영혼도 좌우로 / 도리도리하면서 배우던 웃음소리도 / 모두 대살로 / 도륙되어 묻

힌 땅 // 탕. 탕. 탕 / 총소리 울음소리도 묻어간 / 한 시대 / 전쟁은 군인들보다 더 많이 / 싸움도 없이 민간 인이 / 총칼도 없이 적이 된 / 일방적인 죽음이 더 많은 이 산 들 강으로 흐르는 / 피의 땅이여 / 숨죽인 노래 / 아비 대신, 남편 대신, 아들 대신 … 대신 죽은 / 代殺
— 시「대살(代殺) ; 충주 엄정면 학살」

이 시는 서울 수복 후 1950년 10월에 전국 도처에서 일어난 민간인 학살에 있어 좌우익 진영의 적극적 참여자들은 이성을 잃고 만행을 자행했다. 그때 아비 대신, 남편 대신, 아들 대신, 이렇게 대신 죽은 원혼들을 위무하는 눈물의 노래를 시인이 대신 부르고 있는 것이다.

6부 전쟁 중 토벌부대의 민행을 그린 작품인데 빨치산과 함께 살거나 있었다고 무참히 살해당한 민초들의 이야기를 그리고 있다. 그 중에 나주군 다도면 학살 이야기는 정말 가슴이 미어진다.

1950년 7월부터 이듬 해 5월 사이 토벌대에 의해 토벌의 대상이 된 사람들의 비극사를 시인은 이렇게 노래한다.

다도면은 철애재를 사이에 두고 / 봉황면의 군경과 / 다도면의 인민군 / 대립 중 주민들은 양쪽 눈치를 보며 / 피난 생활을 반복하는 / 산 사람이 사는 국사봉으로 가는 경계였다 // 1950년 7월부터 1951년 5월까지 / 빨치산 토벌 작전 / 국군 11사단, 경찰은 / 견벽청야 작전 / '작전 지역 내에 있는 사람 전원총살' / '공비의 근거지가 되는 가옥 전부 소각' / 다도면 주민은 학살의 대상으로 / 봉황면의 일부 주민은 부역 혐의자 / 입산자 가족으로 몰려 살해되었다 // 주랭이재 / 방죽고랑 / 독적골 / 만산리 산월마을 / 비바위 / 불회사 앞산 / 조리촌 마을 냇가 / 도동리 척동마을, 평지마을 /

덕림리 준적마을, 국사봉 / 방산리 한적마을 / 버드재, 다수재, 송길재 / 황룡리 와랑촌 / 덕촌리, 판촌리, 궁원리 / 마정리 강정마을 / 신기마을 신동리 / 너릿재 / 방축 효망저수지 / 이름하여 붙일 수 있는 다산면 // 곳, 곳 / 시체는 널브러져 있고 / 피난을 가려고 해도 갈 곳이 없었던 사람들 / 젊은이들은 골라서 먼저 죽이고 / 갓난아기, 어린이, 부녀자, 노인, 장애인 / 가리지도 않았다 / 총소리에 놀라 피난길에 오르면 / 경찰 군인이 나타나 살해하고 / 전과로 보고하고 / 죽은 사람들은 / 비무장 민간인 이었다 // 효수와 척살 총살 때려죽이는 / 아비규환의 다도면 일대 모든 마을 / 인천 상륙 작전 후 / 산 사람이 된 인민군 빨치산 / 국방군과 경찰 / 사이 / 야경을 서다 / 불귀의 객이 된 사람들 모두 / 살고 싶은 사람들이었다 // 10개월간 / 군경은 사람만 보이면 모두 죽였다 / 젖먹이에게도 / 노적가리에도 총을 쏘았다 / 총을 맞고도 살아난 사람 / 총알이 피해 간 사람 / 질기게 죽음과 삶의 경계에서 / 살아 있어도 산 것이 아니었던 / 나주군 다도면 / 11사단 20연대, 9연대 / 경찰 / 어쩔 수 없이 숨거나 달아난 사람들 / 총격을 가하고 칼을 휘두르고 / 사람들은 선혈을 뿜으며 죽어갔다 / 일제의 고개도 넘었는데 동족의 고개를 넘지 못하였다

- 시 「나주군 다도면 학살」 전부

이 시를 통해 다른 고장에서 일어난 비극은 미루어 짐작하기 어렵지 않다. 7부에서는 한국전쟁 전후 토벌대의 만행에서 함평 11사단의 학살사건을 서사시로 기록하고 있다.

5.
시인은 학살이 남한의 보도연맹이나 국군, 경찰 등 우익

에 의해서만 자행된 것이 아니라 인민군과 좌익 세력 또한 참담한 학살을 자행했음을 시로서 고발하고 있다. 1950년 9월 25일 인천상륙작전 후 인민군에 의해 양평 청평호에 양민이 수장 학살된 사건을 이렇게 기록하고 있다.

> 인민군은 퇴각에 정신이 없었다 / 유엔군의 인천 상륙 / 서울 수복 / 인민군의 점령지 허리를 치고 들어온 / 유엔군의 파죽지세에 밀려 / 백두대간을 타고 / 퇴각하고 / 때를 맞추어 우익에 대한 학살도 잊지 않았다 / 퇴각하는 인민군에게 학살당하는 백성 // "빨리 타라우" / 해방 전 지어진 청평호 / 총구 앞에서 어찌 할 수 없이 / 배에 오른 우익의 백성 / 총도 죽창도 돌멩이도 / 아무것도 들지 않은 / 백성들 / 몸은 새끼줄로 묶이고 / 가을 강바람은 차갑고 / 마음은 졸이고 / 몸은 사시나무 / 죽음을 예감한 몸은 떨었다 / 배는 호수 한가운데로 / 나아가 / 멈추고 / 총구는 불을 뿜어 / 학살은 시작되었고 / 두 명이 한 명씩 물속으로 던져 / 시체는 청평호 물고기 / 고기밥으로 수장 되었다 / 전쟁의 희생자는 군인이 아니다 / 백성이 희생양 / 사람이 사람으로 보이지 않는 전쟁 / 힘없는 백성은 잡초처럼 뽑히고 / 전쟁은 / 모두 미래의 적으로 / 봄날 목련이 떨어져 쌓이듯 / 하얀 꽃잎처럼 검게 짓밟히고 / 흔적도 남음이 없는 / 청평호의 원혼들 / 도망가는 인민군에게 수장당하는 / 학살 / 학살 / 이유 없는 죽음이었다

― 시 「양평호 수장 학살」 전부

인민군이 퇴각하면서 수 많은 양민을 학살한 것을 보고 전쟁이 얼마나 인간을 악마화 하는 지 시인은 통곡의 심정으로 노래하는 것이다. 「양평호 수장 학살」 외에도

「박순기 인민군과 지방 좌익에 의한 죽음」, 「청주에서 인민군에 학살」, 「홍성군 좌익에 의한 학살」, 「나방환 일가의 죽음」 등을 살풀이처럼 시로 노래하고 있다.

9부에서는 미군에 의한 학살을 다루고 있다.
1950년 7월 25일 미군 제1기병사단에 의한 피란민 학살 사건을 시인은 이렇게 노래한다.

"평화 / 전쟁이 없는 상태. 아니지 / 평화 / 부르는 이름이 비루해 // 평화 / 피난 가다 / 의심 없이 우리는 시키는 대로 / 철길로 올라왔어 / 진짜 평화롭게 / 누가 불렀지 // 미군! // 우리는 동굴에서 내려와 / 앉아서 밥해 먹고 / 철길에서 나란히 있었어 / 총구가 우리를 향하고 있는 줄 알았나 / 하는 말이 / 떨어지기 무섭게 / 하늘에서 우박같이 / 탄알이 쏟아지고 폭탄이 터졌어 / 철길에 철로 두 개에 자갈밭이지 / 훤하게 뚫린 하늘 / 피난민 모두는 사냥에 노출되었지 / 그리고 산 사람들은 너 나 할 것 없이 / 굴다리로 또 배수구로 / 뛰었지 / 지금 굴다리는 포장되었고 / 배수구는 모래톱이 많이 올라왔어 / 우리는 굴다리에서 얼마를 / 총탄 세례를 받았는지 몰라 / 무전기, 권총 몰라 // 아는 것은 솥단지 / 사상을 몰라 / 전쟁을 몰라 / 평화를 몰라 / 이승만이 버리고 간 땅도 사람도 몰라 / 빨갱이도 몰라 / 우리는 굴다리 밑에서 / 퇴각하는 미국 제1기병사단 / 기관총 앞에 서 있던 거였어 / 몰랐지 / (...중략...) // 평화, 무엇이 평화 // 평화 / 전쟁이 없는 것 / 아니야 / 거짓이 없는 것 / 평화 // 노구에 눈물 흘리며 떨고 있는 모습을 보아 / 노근리 평화공원 평화는 왔는지"

— 시 「노근리 평화공원」 부분

외세에 의해 분단이 되고 내 땅 내 가족들이 도와주러 왔다는 이방군에 의해 학살되었다는 것은 참으로 비탄할 일이다. 시인은 노근리 평화공원의 유래를 되새기며 " 평화, 무엇이 평화 // 평화 / 전쟁이 없는 것 / 아니야 / 거짓이 없는 것 / 평화 // 노구에 눈물 흘리며 떨고 있는 모습을 보아" 노근리 평화공원에 진정 평화가 왔는지 묻고 또 묻고 있다.

미군의 양민 학살 사건에 대한 시인의 서사시는 노근리 평화공원 외에도 「의령 미군 포격 학살」, 「포항 여남동 헤이븐호 함포 포격 하살」, 「포항 기계천 폭격 학살」, 「은옥순씨의 1·4후퇴」, 「예천군 산성리 폭격 학살」, 「단양 곡계굴 학살」 등 폭격과 총격으로 희생당한 사건을 시로 기록하였다.

6.
시집의 후반부에서는 10부에 학살사건 외에 인물을 중심으로 증언하는 시편을 수록하고 있다. 특히 1950년 전쟁 중 의인이 안종실 구례경찰서장을 기리는 시편은 읽은 내내 가슴을 뭉클하게 한다.

    (...전략....)
    구례경찰서장
    본인이 전시 중 명령을 어기면서
    즉결처분
    죽음을 각오하고 살려주었다

    인민군의 남진에 밀려
    인민군의 땅이 되었다
    돌아온 곳에도
    인민군의 학살이 없었고

민간인들의 보복도
피비린내 나는 죽음이 없어진
구례의 가을
(...후략....)

― 시 「안종삼 구례경찰서장」부분

안종삼 서장 외에도 이웅찬, 남정식 등의 인물을 통해 전쟁에서 인간의 모습을 간직한 아름다운 이들을 노래하고 있다.

시집 말미에는 11부로 전쟁 그 후의 이야기를 담고 있다. 시인은 9부까지의 작품에서 역사적 비극을 사실적으로 묘사했다면 11부에서는 다분히 문학적 묘사로 돌아와 민족 비극사를 담담히 시로 노래하고 있다.

그중에 이 시집에 대한 시인의 소회가 잘 녹아 있는 작품으로 「침묵의 노래」가 여운이 크게 남는다. 이는 시인이 증언하는 이의 모습을 현장에서 직접 목격하고 듣는 심정이 고스란히 담겨있기 때문이리라. 시인의 목격하고 들은 증언의 현장을 함께 가서 들어 보자.

"말하지 않는 사람들을 보았어 / 증언대에 오르다 / 조용히 눈감고 돌아서서 눈물을 흘리는 사람 / 단두대에 오르듯 주저하다 가는 사람 / 풀벌레 쓰르라미 소리만 풀피리처럼 / 소리로 남아 / 혼자 훌쩍이는 소리를 / 밤하늘, 검은 밤하늘로 별들은 빛나고 / 눈물처럼 떨어지는 하늘 / 사상의 검은 늪에 빠져 / 사람들은 안절부절 / 하지 긴 해를 바라보며 모든 것을 믿어버린 / 총구 앞에서 / 기억하고 있는 것은 해방의 기쁨 / 광복의 숨소리 / 부푼 꿈속에서 사람들은 안도의 몸을 펴고 / 웅크린 기억을 꺼내어 자유의 마당에 / 풀어놓

왔어 / 그것도 잠시 촌각의 시간이 지나가고 있었던 / 이 산하 이 땅 / 보릿고개 넘기기도 힘든 시절 / 사상 고개도 넘기 힘들었어 / 알지도 못하는 사상 보다 / 총구가 먼저 와 / 둥그런 사상을 들이대며 포효하고 / 없었던 생각은 들어 / 무의 사상 / 빨강은 몰라 / 파랑도 몰라 / 검은 것도 몰라 / 흰색도 몰라 / 회색 하늘도 몰라 / 모르는 것투성이의 사상이 / 모든 것을 덮고 / 색깔로 밀하는 사상을 몰라 / 죽음은 디옥 몰리 / 삶은 굴비처럼 엮여 / 구덩이나 동굴 앞에 선 / 떨리는 가슴 / 첫사랑 / 첫눈 / 첫울음 / 처음 시작은 언제나 미약한 여명 / 서릿발도 녹이지 못하는 / 대지의 꿈은 잠들고 / 깨어날 줄 모르는 소식을 안고 잠들고 / 언제나 증언대에 오르는 / 갈대 같은 마음을 / 풀벌레 쓰르라미 울음처럼 / 토해내고 싶은 / 침묵 대지는 잠자고 / 노랫소리는 땅속에서   교향곡으로 울려 퍼지고 / 아니리 아니리 노랫소리 / 명창의 노랫소리 / 죽은 사람이 만들어놓은 길을 따라 / 산 사람이 간다

　열지어 간다 / 맑은 날 / 증언대에 오르다 / 먼 옛날 파랑새 / 솟아오르던 들판 / 녹두꽃 지고 / 식민의 나락으로 떨어진 조국이 / 해방의 날을 맞이하여 / 성조기 올라가던 하늘을 바라보며 / 한없이 울었던 / 아버지, 형, 누이, 삼촌, 아저씨, 아줌마 등 / 생각에 / 그만 울고 말았어 / 총구 앞에서 서 있던 / 생각에 / 그만 주저앉고 말았어 / 해방되고 / 5년 전쟁 통에 죽어버렸어 / 구덩이에 빠져버렸어 / 싸우지도 않았는데 주검이 된 / 원혼들의 / 뿌리 / 굴비처럼 엮여서 / 바닥에 엎드린 채 바라보는 눈 / 봄꽃은 지고 / 여름을 달래는 푸른 풀들의 향연 / 찬란한 대지에 묻혀 / 침묵의 노래를 부르는 / 젊은 날의 주검들 / 그 옛날 / 아버지를, 어머니를, 형을, 아우를, 누이를 / 이름 없이 죽어간 들풀들을 /생각하면 / 폭풍같이 돋아 오르는 / 소름이 발을 멈추게 하는 / 정적 // 세상을 돌아보면 / 시간이

지나면 안 죽은 사람은 없어 / 할아버지 / 할머니 / 모두 세상에 / 선산으로 돌아가고 / 유명을 달리한 사람들도 / 모두 / 말하고 싶지 않은 삶을 살아 / 입 다물고 / 죽은 사람들은 죽고 / 산 사람들은 살아 / 현대사의 핏빛 전설을 만들고 / 고대사보다 더 미궁의 전설을 만들고 / 증언은 짧아 / 하는 말 / "우리 아버지는 죽었습니다. / 저는 왜 죽었는지 어려서 모릅니다. 요"하는 / 또 다른 침묵의 현장에서 / 말 못 하는 사람들의 / 떨어지는 눈물의 폭포 / 침묵
— 시「침묵의 노래」전부

7.
한국전쟁을 전후하여 발생한 민간인 학살은 국가권력의 지시와 방조 속에서 자행되었고, 반공 이데올로기를 통해 정당화되었다. 국가권력은 학살을 빨갱이 처형이나 공비의 만행으로 공식화함으로써 학살의 진실을 은폐하였다. 또 진상규명을 요구하는 목소리는 반공 이데올로기로 철저히 처단함으로써 유족들과 목격자들의 입을 봉하였다. 한국전쟁을 전후하여 자행된 민간인 학살 사건은 사회 구성원들의 침묵 속에서 망각되어 갔다. 학살 사건은 반공 이데올로기의 통제됨으로써 학살이 남긴 사회적 상처는 아직도 지속되고 있다.

이러한 가운데 한 시인에 의해 민족 비극사에 대해 침묵하지 않고 역사적 기록과 증언을 가슴으로 듣고 문학적으로 표현하는 작업은 박원희 시인 뿐 아니라 이 땅에 사는 시인으로서 동족의 고통, 비애를 무심히 지나지 않는 시인의 역사적 감수성을 보여주게 되는 것이다.

즉 문학을 통해 민간인 학살사건을 공론화, 대중화함으로써 75년 동안 마음속에 묻어 온 억울함과 고통을 세상에 드러내고 비로소 고통을 공유하고 같은 역사를 반복해서는

안된다는 각성이 온 겨레에 전해질 수 있을 것이다.

　오늘날도 우리 사회는 스스로의 야만성과 폭력성을 가지고 있으며 해방 전후 이념 대립이 여전히 상존하고 있다. 시를 통한 민족 비극사를 노래하는 것은 학살을 죽은 사람의 이야기에서 죽인 사람과 눈감은 사람의 이야기로 확대하는 문학의 공적 책임이 있기 때문일 것이다. 이를 위해 문학판 특히 시단에서 깊이 들여다 보지 않는 문학계의 풍토에서 박원희 시인이 역사의 문제를 문학 범주로 확대함으로써 시의 존재 가치를 다시금 생각하게 해주었다.

　바라기는 박원희 시인의 이번 '민족 비극사 서사 시집'을 통해 한국전쟁 전후에 자행된 민간인 학살의 반인륜적이고 반평화적인 행위에 그것을 유발한 정치권력을 규탄하고, 이러한 문학적 학습으로 다시는 유사한 비극이 이 땅, 아니 이 세계 어디에도 있어서는 안되는 것임을 독자도 문학인도 함께 인식하는 기회가 되길 기대해 본다,

■ 참고문헌

- 제주 4·3평화기념관 상설전시관 전시도록. 제주4·3평화재단. 도서출판각(유), 2018
- 여순병란 상/하. 이태. 청산, 1994
- 한국전쟁과 지역문화. 한국작가회의 충북지회. 정일품, 2020
- 사진과 그림으로 보는 북한현대사. 윤재봉. ㈜웅진 씽크빅. 2017
- 한국전쟁. 와다하루끼, 서동만 옮김. ㈜창작과 비평. 2000
- 브루스커밍스의 한국전쟁. 브루스커밍스, 조행복 옮김. 현실문화, 2019
- 기억여행. 박만순. 한국전쟁 전후 민간인 학살 진상규명충북대책 위원회. 예담출판, 2006
- 박만순의 기억전쟁1~3. 박만순. 고두미, 2021, 2022, 2023
- 골령골의 기억전쟁. 박만순. 고두미, 2020
- 기억전쟁. 박만순. 예당
- 한국전쟁과 버림받은 인권. 신기철. 인권평화연구소, 2017
- 미국 비밀문서로 읽는 한국현대사1945-1950. 김택곤. 맥스, 2021
- 강좌 한국근현대사. 역사학연구소. 풀빛, 1996
- 다시쓰는 한국현대사, 박세길. 돌베게, 1988
- 대한민국의 주홍글자. 문창재, 푸른사상, 2021
- 서중석의 현대사 이야기 1-2. 서중석 답 김덕련 묻고 정리. 오월의 봄, 2019
- 한국현대사 강의. 김인걸 외 편저. 돌베게, 2005
- 학살된 사람들 남겨진 사람들. 진주 민간인 학살 증언록. 피플파워, 2020
- 조선종군실화로본 민간인 학살. 신경득. 살림터, 2002
- 암살. 박태균/정창현. 역사인, 2016
- 미군 점령 4년사. 송광성. 나무이야기, 2024
- 조선정판사 '위조지폐' 사건 연구. 임성욱, 신서원, 2019
- 진실화해위원회 보고서. 2005~2010
- 오마이뉴스 연재 기사.「박만순의 기억전쟁」
- K-TV「기억 마주 서다」.
- 한국전쟁 민간인 희생 르포.「살아남은 기억들」, 문경석달마을 사건. K-TV